HANS-BERNHARD RENGIER

Die Abgrenzung des positiven Interesses vom negativen Vertragsinteresse und vom Integritätsinteresse

Schriften zum Bürgerlichen Recht

Band 39

Die Abgrenzung des positiven Interesses vom negativen Vertragsinteresse und vom Integritätsinteresse

dargestellt am Problem der Haftung des Verkäufers, Vermieters und Unternehmers für Schäden infolge von Sachmängeln

Von

Dr. Hans-Bernhard Rengier

DUNCKER & HUMBLOT / BERLIN

CIP-Kurztitelaufnahme der Deutschen Bibliothek

Rengier, Hans-Bernhard
Die Abgrenzung des positiven Interesses vom
negativen Vertragsinteresse und vom Integri-
tätsinteresse : dargest. am Problem d. Haftung
d. Verkäufers, Vermieters u. Unternehmers für
Schäden infolge von Sachmängeln. — 1. Aufl. —
Berlin : Duncker und Humblot, 1977.
(Schriften zum Bürgerlichen Recht ; Bd. 39)
ISBN 3-428-03889-4

Alle Rechte vorbehalten
© 1977 Duncker & Humblot, Berlin 41
Gedruckt 1977 bei Berliner Buchdruckerei Union GmbH., Berlin 61
Printed in Germany
ISBN 3 428 03889 4

Meinem Vater

Vorwort

Die Arbeit wurde von Herrn Professor Dr. *Manfred Lieb* angeregt. Er hat sie als Dissertation betreut und durch zahlreiche Gespräche gefördert. Ihm gilt an dieser Stelle mein besonderer Dank.

Das Manuskript wurde im wesentlichen im November 1975 abgeschlossen. Neuere Literatur und Rechtsprechung habe ich noch bis November 1976 in den Fußnoten berücksichtigen können.

Ich danke Herrn Ministerialrat a. D. Prof. Dr. J. *Broermann* für die Aufnahme der Arbeit in die Schriftenreihe des Verlages Duncker & Humblot, Berlin.

Wuppertal, im November 1976

Bernhard Rengier

Inhaltsverzeichnis

A. **Einleitung: Die verschiedenen Interessen an der mangelfreien Erfüllung** 15

B. **Die bisherigen Abgrenzungsversuche** 19

    I. Der Meinungsstand 19

        1. Die Haftung des Verkäufers für das Fehlen einer zugesicherten Eigenschaft gem. § 463 S. 1, § 480 Abs. 2 19

        2. Die Haftung des Verkäufers nach § 463 S. 2 (§ 480 Abs. 2) wegen arglistigen Verschweigens eines Fehlers oder arglistiger Vorspiegelung einer nicht vorhandenen Eigenschaft 20

        3. Der Umfang der Haftung des Vermieters nach § 538 Abs. 1, 1. Alt. 21

        4. Der Umfang der Haftung des Werkunternehmers nach § 635 22

            a) Begrenzung auf bestimmte unmittelbare Schäden 22

            b) Bestimmung durch Auslegung 25

            c) Ersatz des gesamten Schadens 25

        5. Zusammenfassung 26

    II. Kritik 27

        1. Die Versuche einer generellen Beschränkung der Schadensersatzansprüche wegen Nichterfüllung auf den unmittelbaren Schaden (Mangelschaden, eigentlichen Nichterfüllungsschaden) 27

            a) Die Lokalitätstheorie von Grimm 27

            b) Die Differenzierung nach dem betroffenen Rechtsgut (Larenz) 28

            c) Die Abgrenzung nach Erfüllungsinteresse und Erhaltungsinteresse (Thiele, Todt) 29

d) Das besondere, selbständige Ereignis (RG) 31

e) Der enge und unmittelbare Zusammenhang (BGH) 32

2. Die Bestimmung der Schadensersatzansprüche wegen Nichterfüllung nach der Differenztheorie (Medicus) 34

3. Die Bestimmung des Haftungsumfangs nach der Tragweite der Zusicherung und dem Schutzzweck der Haftungsnorm (Diederichsen) 36

4. Zusammenfassung 39

C. Grundlagen der Schadensberechnung 41

I. Die Bestimmung des Schadensersatzes im allgemeinen 41

1. Das Interesse als Ausgangspunkt der Schadensberechnung .. 41

2. Die funktionale Schadensberechnung im einzelnen 42

a) Vorteilsanrechnung 42

b) Hypothetische Kausalität 44

c) Rechtmäßiges Alternativverhalten 46

3. Einordnung der Schutzzwecklehre 47

II. Die verschiedenen Interessen und ihr gesetzlicher Schutz 49

1. Das positive Interesse 49

a) §§ 280, 286 Abs. 2, 325, 326 49

b) §§ 463, 480 Abs. 2, 538, 635 49

2. Das negative Vertragsinteresse 50

a) §§ 122, 179 Abs. 2, 307, 309, c. i. c. 50

b) Wandelung 51

c) § 823 Abs. 2 i. V. m. § 263 StGB 51

3. Das Integritätsinteresse 53

4. Sonstige Interessen 55

Zusammenfassung 56

D. Der Umfang der Schadensersatzansprüche wegen Nichterfüllung nach §§ 463, 480 Abs. 2, 538, 635 und ihre Abgrenzung zu Ansprüchen aus positiver Vertragsverletzung und Wandelung des Vertrages 58

    I. Die Haftung des Verkäufers für das Fehlen einer zugesicherten Eigenschaft nach § 463 S. 1 (§ 480 Abs. 2) 58

        1. Das Interesse an der Verwendbarkeit der Sache zu einem bestimmten Zweck 58

        2. Das Interesse an der Sicherheit und Ungefährlichkeit der gekauften Sache 62

    II. Die Haftung des Verkäufers wegen Arglist nach § 463 S. 2 (§ 480 Abs. 2) 64

        1. Arglistige Vorspiegelung einer Eigenschaft 64

        2. Arglistiges Verschweigen eines Fehlers 64

    Zusammenfassung 66

    III. Die Haftung des Vermieters für Mängel der Mietsache nach § 538 Abs. 1 67

        1. Miete von Räumen, die dem Aufenthalt von Menschen dienen 67

            a) Wohnungsmiete 67

            b) Miete von Geschäftslokalen, Versammlungsräumen o. ä. ... 68

        2. Miete von Räumen und Plätzen zur Aufbewahrung von Sachen 69

            a) Miete von Lagerräumen 69

            b) Miete von Abstellplätzen 69

        3. Miete von Gegenständen, deren Benutzung eine erhöhte Gefahr mit sich bringt 70

        4. Miete sonstiger Gegenstände 71

    IV. Die Haftung des Unternehmers nach § 635 72

        1. Werkverträge, die auf ein Werk gerichtet sind, das den Besteller vor Schäden an Körper, Gesundheit und Eigentum schützen soll 72

        2. Werkverträge, die auf ein Werk gerichtet sind, das dem Besteller zur Herstellung anderer Güter dienen soll 73

        3. Werkverträge über die Anfertigung eines Gutachtens 75

            a) Der Vermögensfolgeschaden als Nichterfüllungsschaden .. 75

            b) Verjährung 75

4. Beförderungsverträge und andere Verträge, bei denen der Schutz der Rechtsgüter des Bestellers außerhalb des Leistungszwecks liegt 77

Zusammenfassung 79

E. **Die Einordnung besonderer Schadenstypen** 81

   I. Haftpflichtschäden 81

   II. Zusätzliche Kosten infolge der Mangelhaftigkeit der Leistung .. 83

   III. Fehlgeschlagene Aufwendungen 84

      1. Abgrenzung 84

      2. Einordnung in Literatur und Rechtsprechung 85

      3. Zutreffender Lösungsansatz 86

      Zusammenfassung 87

F. **Ansprüche aus positiver Vertragsverletzung bei mangelhafter Sachleistung** 89

   I. Regelungsbereich der Haftung aus positiver Vertragsverletzung 89

   II. Das Konkurrenzverhältnis zur Schadensersatzhaftung wegen Nichterfüllung 91

      1. Das Konkurrenzverhältnis beim Kauf 91

         a) Haftung für das Fehlen einer zugesicherten Eigenschaft .. 91

         b) Arglisthaftung nach § 463 S. 2 92

      2. Das Konkurrenzverhältnis bei der Miete 94

      3. Das Konkurrenzverhältnis beim Werkvertrag 95

   III. Verjährung 96

      1. Meinungsstand 96

      2. Regelungszweck der §§ 477, 638 97

      3. Interessenlage 98

      4. Lösung 98

      5. Verjährung konkurrierender Deliktsansprüche 99

      Zusammenfassung 100

G. **Das Verhältnis der Sachmängelvorschriften zu Ansprüchen aus culpa in contrahendo** 101

    1. Meinungsstand 101

    2. Das Verhältnis zu § 463 S. 2 101

    3. Das Verhältnis zu den Wandelungsvorschriften 102

    4. Ersatz des Integritätsinteresses 103

    Zusammenfassung 104

H. **Ergebnis der Untersuchung** 105

Literaturverzeichnis 107

Abkürzungsverzeichnis

AcP	Archiv für die civilistische Praxis (Band, Seite)
ArchBürgR	Archiv für Bürgerliches Recht (Band, Seite)
BAGE	Entscheidungen des Bundesarbeitsgerichts, Amtliche Sammlung (Band, Seite)
BB	Der Betriebsberater (Jahr, Seite)
BGHZ	Entscheidungen des Bundesgerichtshofs in Zivilsachen, Amtliche Sammlung (Band, Seite)
c. i. c.	culpa in contrahendo
DAR	Deutsches Autorecht (Jahr, Seite)
DB	Der Betrieb (Jahr, Seite)
Diss.	Dissertation
DR	Deutsches Recht (Jahr, Seite)
HRR	Höchstrichterliche Rechtsprechung (Jahr, Nr.)
JherJb	Jherings Jahrbücher (Band, Seite)
JR	Juristische Rundschau (Jahr, Seite)
JuS	Juristische Schulung (Jahr, Seite)
JW	Juristische Wochenschrift (Jahr, Seite)
JZ	Juristenzeitung (Jahr, Seite)
LM	Das Nachschlagewerk des Bundesgerichtshofs in Zivilsachen, herausg. v. Lindenmaier und Möhring (Gesetzesstelle, Entscheidungsnummer)
MDR	Monatsschrift für Deutsches Recht (Jahr, Seite)
Mot.	Motive zum BGB (Band, Seite)
NJW	Neue Juristische Wochenschrift (Jahr, Seite)
OLGZ	Entscheidungen der Oberlandesgerichte in Zivilsachen (Jahr, Seite)
Prot.	Protokolle der Kommission für die II. Lesung des Entwurfs des BGB (Band, Seite)
p. V. V.	positive Vertragsverletzung
Recht	Zeitschrift „Das Recht" (Jahr, Nr. der Entscheidung)
RGZ	Entscheidungen des Reichsgerichts in Zivilsachen, Amtliche Sammlung (Band, Seite)
Rn.	Randnote
Rz.	Randziffer
SAE	Sammlung arbeitsrechtlicher Entscheidungen der Vereinigung der Arbeitgeberverbände (Jahr, Seite)
VersR	Versicherungsrecht, Juristische Rundschau für die Individualversicherung (Jahr, Seite)
Warn	Warneyer, Die Rechtsprechung des Reichsgerichts (Jahr, Nr. der Entscheidung)
WM	Wertpapier-Mitteilungen (Jahr, Seite)

Wegen weiterer Abkürzungen wird auf *Kirchner*, Hildebert, Abkürzungsverzeichnis der Rechtssprache, 2. Aufl. 1968, verwiesen.

A. Einleitung*

Rudolf von Jhering[1] verdanken wir die Erkenntnis, daß bei der Nichterfüllung eines Vertrages zwei inhaltlich unterschiedliche Interessen betroffen sein können: das *positive Vertragsinteresse* und das *negative Vertragsinteresse*. Als positives Vertragsinteresse ist dabei das Interesse an der Wirksamkeit und Erfüllung eines Vertrages anzusehen, als negatives Vertragsinteresse das Interesse daran, sich auf einen bestimmten Vertrag nicht eingelassen zu haben. Während der Anspruch auf das positive Vertragsinteresse einen gültigen Vertrag voraussetzt und den Gläubiger dafür entschädigen soll, daß er die versprochene Leistung nicht erhalten hat, dient der Anspruch auf Ersatz des negativen Vertragsinteresses dem Ausgleich der Nachteile, die der Gläubiger durch den Abschluß des Vertrages erlitten hat[2].

Der Gegensatz von positivem und negativem Interesse spielt nicht nur eine Rolle, wenn ein Vertrag nichtig oder unwirksam ist (§§ 122, 179 Abs. 2, 307, 309), sondern auch dann, wenn der Schuldner eine mangelhafte Sachleistung erbringt oder ein mangelhaftes Werk herstellt. Mit dem Schadensersatzanspruch wegen Nichterfüllung nach §§ 463, 480 Abs. 2, 538, 635 kann der Gläubiger sein positives Vertragsinteresse geltend machen[3]. Er kann ersatzweise Herstellung des status ad quem bei Erfüllung des Vertrages verlangen.

Demgegenüber dient die Wandelung des Vertrages der Verwirklichung des negativen Vertragsinteresses[4]. Der Anspruch auf Rückzahlung des Kaufpreises oder des Werklohns (§§ 467 S. 1, 634 Abs. 4, 346) einschließlich einer Verzinsung vom Zeitpunkt des Empfanges an (§§ 467 S. 1, 634 Abs. 4, 347 S. 3) und auf Ersatz der Vertragskosten (§§ 467 S. 2, 634 Abs. 4) ist auf die Herstellung des status quo ohne Vertragsschluß gerichtet.

Mit diesen Ansprüchen ist dem Gläubiger aber häufig nicht hinreichend gedient. Die erhaltene Leistung kann nicht nur minderwertig

---

* Paragraphen ohne nähere Angaben sind solche des BGB.
[1] Culpa in contrahendo, JherJb 4 (1861), S. 1 ff.; ähnlich bereits *Savigny*, System III, S. 294 Anm. d; *Mommsen*, Unmöglichkeit, S. 107.
[2] Vgl. *Jhering*, S. 16 f.
[3] Vgl. Mot. II, S. 229.
[4] Vgl. *Keuk*, S. 160; *Herberger*, S. 137 f.; weiter *Staudinger / Ostler*, § 467 Rz. 34; *Soergel / Ballerstedt*, § 467 Rz. 1; *Esser*, SBT § 64 III Fn. 45.

und unbrauchbar, sondern auch schädlich und gefährlich sein. Verkaufte Äpfel können wurmstichig sein und die gesunden Äpfel des Käufers anstecken[5]. Der hergestellte Leuchtstoff kann explosiv sein und beim Käufer Schäden anrichten[6]. Verletzt ist hier das *Integritätsinteresse* des Gläubigers, sein Interesse an der Unversehrtheit seiner Güter[7].

Nach welchen Grundsätzen sind diese Schäden zu ersetzen? Der Schadensersatzanspruch wegen Nichterfüllung scheitert beim Kauf häufig daran, daß der Verkäufer die Ungefährlichkeit nicht zugesichert und den Mangel auch nicht arglistig verschwiegen hat. Beim Werkvertrag ist der Schadensersatzanspruch wegen Nichterfüllung vielfach schon gem. § 638 verjährt, bevor der Schaden überhaupt erkennbar war. Nach dem BGB bleiben dem Geschädigten in einem solchen Fall nur die Ansprüche aus Delikt. Aber auch diese versagen, wenn ein Gehilfe eingeschaltet war und sich der Geschäftsherr gem. § 831 Abs. 1 S. 2 entlasten kann. Überdies schützt das Deliktsrecht das Vermögen als solches nur in bestimmten Fällen (§ 826, § 823 Abs. 2 i. V. m. einem Schutzgesetz)[8].

Das Problem hat *Staub*[9] bereits kurz nach Inkrafttreten des BGB erkannt und dadurch zu lösen versucht, daß er in der Erbringung einer mangelhaften und schädlichen Leistung eine „positive Vertragsverletzung" sah, für die der Schuldner unabhängig von der gesetzlichen Nichterfüllungshaftung einzustehen habe[10].

Rechtsprechung und Literatur haben diesen Ansatzpunkt aufgegriffen[11]. Umstritten ist dabei geblieben, wie die Haftung aus positiver Vertragsverletzung in das gesetzliche System der Sach- und Werkmängelhaftung im einzelnen einzuordnen ist. Wir sehen uns einer Vielzahl von Versuchen gegenüber, den Regelungsbereich der Schadensersatzansprüche wegen Nichterfüllung auf bestimmte unmittelbare Schäden, den eigentlichen Mangelschaden oder den Nichterfüllungsschaden im engeren Sinn einzuschränken und von den der Haftung aus positiver Vertragsverletzung unterfallenden mittelbaren Schäden (Mangelfolgeschäden, Begleitschäden) abzugrenzen[12].

---

[5] Beispiel von *Staub*, Die positiven Vertragsverletzungen, S. 12.
[6] Beispiel von *Staub*, S. 5.
[7] Treffend *Esser*, SAT § 41 I 4.
[8] Vgl. bereits *Staub*, S. 38 f.
[9] Die positiven Vertragsverletzungen, veröffentlicht 1904.
[10] *Staub*, S. 16 f.
[11] Vgl. im einzelnen die Darstellung unter B I.
[12] Vgl. Nachweise Kap. B I.

A. Einleitung

Zwei Fragen werden dabei nicht immer mit der notwendigen Klarheit auseinandergehalten. Zum einen geht es um die Frage des Umfangs der Schadensersatzansprüche wegen Nichterfüllung bei mangelhafter Sach- oder Werkleistung. Hier gilt es zu klären, welche Kriterien für die Bestimmung des Haftungsumfangs maßgebend sind. Diese Frage darf nicht isoliert für sich beantwortet werden, sondern bedarf einer Einbindung in das übrige Schadensersatzrecht. Andernfalls besteht die Gefahr von Wertungswidersprüchen[13].

Zum anderen stellt sich die Frage, inwieweit neben der Sach- und Werkmängelhaftung, wie sie das BGB vorsieht, noch Raum für eine Haftung aus positiver Vertragsverletzung ist. Dazu bedarf es einer Untersuchung darüber, welche Art von Pflichtverletzung der Sach- und Werkmängelhaftung zugrundeliegt und welche Interessen geschützt werden. Nur soweit hier eine Lücke besteht, kommt eine Haftung aus positiver Vertragsverletzung neben den gesetzlichen Vorschriften in Betracht[14].

Ziel der vorliegenden Arbeit ist es, zur Klärung dieser Fragen beizutragen. Dabei soll methodisch so vorgegangen werden, daß nach einer kritischen Würdigung der bisher vertretenen Auffassungen[15] zunächst die Grundlagen der Schadensberechnung und der Bestimmung des Schadensersatzes erörtert werden[16]. Dabei wird sich zeigen, daß die Schadensberechnung bei den einzelnen Haftungstatbeständen nicht einheitlich vorgenommen werden kann. Entscheidend ist vielmehr das jeweilige Interesse, das durch eine Haftungsnorm geschützt werden soll. Das Interesse an der Erfüllung eines Vertrages ist individueller Art und hängt von den jeweiligen Zwecken ab, die der Gläubiger mit dem Abschluß des Vertrages verfolgt. Demgemäß ist auch der Umfang der Schadensersatzansprüche wegen Nichterfüllung individuell zu bestimmen. Dies soll bei den Haftungstatbeständen der §§ 463, 480 Abs. 2, 538, 635 im einzelnen dargelegt werden[17]. Das Material dazu liefern Fälle aus der Rechtsprechung.

Ferner wird zu untersuchen sein, wie bestimmte Schadenstypen einzuordnen sind[18]. Diese Frage stellt sich bei sogenannten Haftpflichtschäden, zusätzlichen Kosten infolge der Mangelhaftigkeit und fehlgeschlagenen Aufwendungen. In die Betrachtung sind hier nicht nur die Schadensersatzansprüche wegen Nichterfüllung und positiver Ver-

---

[13] Daraus hat zu Recht *Medicus*, Festschrift für Kern, S. 313 (319), und JuS 1965, 209 (216) hingewiesen.
[14] Vgl. *Medicus*, Festschrift für Kern, S. 317 ff.
[15] Vgl. Kap. B II.
[16] Vgl. Kap. C.
[17] Vgl. Kap. D.
[18] Kap. E.

tragsverletzung einzubeziehen, sondern auch die auf die Verwirklichung des negativen Vertragsinteresses gerichteten Ansprüche aus Wandelung des Vertrages.

Schließlich sollen der Regelungsbereich der Ansprüche aus positiver Vertragsverletzung und ihre Konkurrenz zur Schadensersatzhaftung wegen Nichterfüllung erörtert werden[19]. In diesem Zusammenhang ist auch auf die umstrittene Frage einzugehen, welchen Verjährungsbestimmungen die Ansprüche aus positiver Vertragsverletzung unterliegen. Ferner soll das Verhältnis der Sachmängelvorschriften zu den Ansprüchen aus culpa in contrahendo untersucht werden[20].

Die Lösung dieser speziellen, mit dem Problem der Haftung für mangelhafte Sach- und Werkleistungen zusammenhängenden Fragen ist jedoch nicht das alleinige Ziel der vorliegenden Arbeit. Sie versteht sich darüber hinaus als Beitrag zum allgemeinen Schadensersatzrecht. Die Diskussion um den Umfang der Schadensersatzansprüche wegen Nichterfüllung nach §§ 463, 480 Abs. 2, 538, 635 spiegelt letztlich ein allgemeines schadensersatzrechtliches Problem wieder: die Frage nach den Wertungskriterien, die für die Bestimmung eines Ersatzanspruchs maßgebend sind. Die Einheitsbewertung der Differenz- und der Adäquanztheorie erweist sich in vieler Hinsicht als zu grob. Hingewiesen sei etwa auf die Problematik der Vorteilsausgleichung[21] und die Frage der Berücksichtigung hypothetischer Schadensursachen[22].

Diese Probleme lassen sich nur lösen, wenn man die Umstände des Einzelfalles mitberücksichtigt. Ähnlich ist die Lage bei den Schadensersatzansprüchen wegen Nichterfüllung nach §§ 463, 480 Abs. 2, 538, 635. Auch hier wird die pauschale, auf das Vermögen und seine Veränderungen bezogene Betrachtungsweise der Differenztheorie den Besonderheiten des jeweiligen Vertrages und der dahinter stehenden Interessen nicht gerecht. Es zeigen sich hier Querverbindungen, die es nahelegen, allgemein nach einem anderen Ansatzpunkt für die Schadensberechnung zu suchen. Es scheint so, als ob dieser Ansatzpunkt in einer *funktionalen Betrachtungsweise* gefunden werden kann, die auf den Nutzen abstellt, der mit der Erfüllung eines Vertrages, der Integrität eines Rechtsguts oder einem bestimmten Verhalten für den Ersatzberechtigten verbunden ist, und prüft, inwieweit dieser Nutzen durch das Schadensereignis beeinträchtigt wird.

---

[19] Kap. F.
[20] Kap. G.
[21] Kap. C I 2 a.
[22] Kap. C I 2 b.

B. Die bisherigen Abgrenzungsversuche

I. Der Meinungsstand

Ein Blick auf die bisher zur Abgrenzung der Schadensersatzansprüche nach §§ 463, 480 Abs. 2, 538, 635 von den Ansprüchen aus positiver Vertragsverletzung vertretenen Auffassungen zeigt ein buntes und verwirrendes Bild. Es werden nicht nur die verschiedensten Abgrenzungskriterien angeboten, sondern die Meinungen differieren auch zwischen den einzelnen Haftungstatbeständen.

1. Die Haftung des Verkäufers für das Fehlen einer zugesicherten Eigenschaft gem. § 463 S. 1 (§ 480 Abs. 2)[1]

Hier lassen sich drei Meinungen unterscheiden: Ein Teil der Literatur[2] ist der Ansicht, der Schadensersatzanspruch wegen Nichterfüllung nach § 463 S. 1 umfasse den gesamten durch das Fehlen der zugesicherten Eigenschaft entstandenen Schaden.

Ein anderer Teil der Literatur[3] und einige oberlandesgerichtliche Entscheidungen[4] wollen demgegenüber den Umfang des Schadensersatzanspruches auf den Ersatz des sog. Mangelschadens[5] beschränkt wissen. Mangelfolgeschäden[6] (Begleitschäden, mittelbare Schäden) sollen in den Bereich der Haftung aus positiver Vertragsverletzung fallen.

Eine moderne, von *Diederichsen*[7] entwickelte Auffassung, der sich der *BGH*[8] und die *h. L.*[9] angeschlossen haben, will den Umfang des

---

[1] Beim Gattungskauf.

[2] *Medicus*, Festschrift für Kern, S. 313 (319, 323); BürgR, § 15 V 2 c cc; *Ballerstedt* in Soergel/Siebert, § 463 Rz. 11; *Kuhn* in RGRK, § 463 Anm. 14; *Staudinger/Ostler*, § 463 Rz. 19; *Enneccerus/Lehmann*, SchR § 108 III 2 a; *Brox*, Bes. SchR Rz. 91; *Brox/Elsing*, JuS 1976, 1 (7); *Honsell*, JR 1976, 361.

[3] *Pieper*, JuS 1962, 409 (462); im Grundsatz auch *Fikentscher*, SchR § 70 III 2 d.

[4] OLG Köln, VersR 1964, 541 (Heizöl); OLG Karlsruhe, OLGZ 1966, 274 (Reifenfall); orbiter auch BGH NJW 1958, 866 = LM Nr. 5 zu § 459 Abs. 1 (Leimfall); BGH NJW 1962, 908 (909) (Autoscooter).

[5] Verwandte Bezeichnungen sind „unmittelbarer Schaden" und „eigentlicher Nichterfüllungsschaden".

[6] Terminologie von *Larenz*, SchR II § 41 II.

[7] AcP 165, 150 (157 ff.).

[8] BGHZ 50, 200 (Kontaktkleber); ebenso BGHZ 57, 292 (Futtermittel); 59, 158 (Lackfall); NJW 1973, 843 (Nottestamentsmappe).

Schadensersatzanspruches durch Auslegung der jeweiligen Zusicherung bestimmen. Mangelfolgeschäden sollen dann nach § 463 S. 1 zu ersetzen sein, wenn die Zusicherung auch den Sinn hat, den Käufer gegen derartige Schäden abzusichern.

2. Die Haftung des Verkäufers nach § 463 S. 2 (§ 480 Abs. 2)[10] wegen arglistigen Verschweigens eines Fehlers oder arglistiger Vorspiegelung einer nicht vorhandenen Eigenschaft[11]

Auch in bezug auf den Umfang der Schadensersatzhaftung wegen Nichterfüllung nach § 463 S. 2 (§ 480 Abs. 2) sind die Meinungen geteilt.

Nach Auffassung von *Thiele*[12] umfaßt der Schadensersatzanspruch wegen Nichterfüllung nach § 463 S. 2 (480 Abs. 2) nur den eigentlichen Nichterfüllungsschaden. Mangelfolgeschäden an Gesundheit und Eigentum sollen in den Regelungsbereich der positiven Vertragsverletzung fallen.

Larenz[13] vermag demgegenüber keinen Grund für eine Einschränkung zu sehen. Nach seiner Auffassung haftet der Verkäufer im Falle der Arglist für jeden durch den Mangel adäquat kausal verursachten Schaden[14].

Eine differenzierte Meinung vertritt *Todt*[15]. Während er sich für das arglistige Verschweigen eines Mangels für eine Beschränkung der Haftung aus § 463 S. 2 auf den Nichterfüllungsschaden im engeren Sinn ausspricht, will er den Verkäufer bei der arglistigen Vorspiegelung einer Eigenschaft so behandeln, als hätte er die Eigenschaft zugesichert. Spiegelt der Verkäufer eine Eigenschaft vor, die den Schutz des Käufers vor Schäden an Gesundheit und Eigentum bezweckt, soll der Verkäufer im Rahmen des § 463 S. 2 auch für Mangelfolgeschäden haften.

---

[9] *Esser*, SBT § 64 IV 4; *Larenz*, SchR II § 41 II; *Erman / Weitnauer*, Rz. 48 vor § 459; *Palandt / Putzo*, § 463 Anm. 4; *Todt*, Schadensersatzansprüche S. 155 ff.; ders., BB 1971, 680 (681); *Thiele*, JZ 1967, 649 (655); *Mezger*, Anm. zu BGH LM Nr. 14 zu § 463; *Schmidt-Salzer*, BB 1972, 18; *v. Westphalen*, BB 1972, 1070; *Eike Schmidt*, Nachwort, S. 160 f.; *Herberger*, S. 135 f.; ähnlich bereits *Heck*, SchR § 87, 11 d.

[10] Beim Gattungskauf.

[11] Im Falle der arglistigen Vorspiegelung einer Eigenschaft findet § 463 S. 2 entsprechende Anwendung, vgl. RGZ 103, 160; *Palandt / Putzo*, § 463 Anm. 3; *Erman / Weitnauer*, § 463 Rz. 7; *Kuhn* in RGRK, § 463 Anm. 6; *Larenz*, SchR II § 41 II c 3.

[12] JZ 1967, 649 (655).

[13] SchR II § 41 II (S. 53).

[14] Im Erg. ebenso *Fikentscher*, SchR § 70 III 2 d.

[15] BB 1971, 680 (681).

Diederichsen[16] schließlich will den Umfang der Haftung nach dem Schutzzweck der Norm bestimmen. Danach, so meint Diederichsen, hafte der Verkäufer nur für solche Folgeschäden, deren Eintritt er vorhersehen konnte und mußte.

3. Der Umfang der Haftung des Vermieters nach § 538 Abs. 1, 1. Alt.

Was die Haftung des Vermieters nach § 538 Abs. 1 1. Alt. angeht, hat die Rechtsprechung[17] in Übereinstimmung mit der vorherrschenden Meinung im Schrifttum[18] stets die Auffassung vertreten, der Ersatzanspruch umfasse jeden durch den Mangel des Mietobjekts adäquat kausal verursachten Schaden.

Eine Mindermeinung[19] will dagegen die Garantiehaftung nach § 538 auf den Nichterfüllungsschaden im engeren Sinn beschränken und Folgeschäden, die das Integritätsinteresse des Mieters betreffen, nach den Grundsätzen der positiven Vertragsverletzung ersetzen. Dies führt zu einer Einschränkung der strengen Garantiehaftung nach § 538 Abs. 1 1. Alt., da der Vermieter aus positiver Vertragsverletzung für Beeinträchtigungen des Integritätsinteresses des Mieters nur bei Verschulden haftet.

Eine vermittelnde Ansicht[20] stimmt der h. L. im Grundsatz zu, will aber den Vermieter dann von der Haftung freistellen, wenn er den Mangel des Mietobjekts auch bei Anwendung äußerster Sorgfalt nicht erkennen konnte.

Esser[21] und *Eike Schmidt*[22] wollen schließlich durch Auslegung des jeweiligen Mietvertrages ermitteln, inwieweit die Schutzinteressen des Mieters in den Vertrag einbezogen sind.

---

[16] AcP 165, 150 (161).
[17] RGZ 81, 200 (Rolladenkasten); BGH NJW 1962, 908 (Autoscooter); BGHZ 43, 88 (90) (Deckenputzfall); BGH NJW 1968, 885 (886) (Rauchrohröffnung); NJW 1972, 424 (425) (Tapetenfall); NJW 1972, 944 (Kurzschluß); MDR 1972, 411 (Kegelbahn); NJW 1975, 645 (646) (Hotelparkplatz).
[18] *Pritsch* in RGRK-BGB, § 538 Anm. 3; *Staudinger / Kiefersauer*, § 538 Rz. 14; *Erman / Schopp*, § 538 Rz. 20; *Palandt / Putzo*, § 538 Anm. 4 b; *Soergel / Mezger*, § 538 Rz. 5; *Brox*, Bes.Sch.R, Rz. 170.
[19] *Enneccerus / Lehmann*, SchR § 128 III 2 (S. 518); *Pieper*, JuS 1962, 409 (463); *Weimar*, MDR 1960, 855; *Roquette*, Mietrecht, S. 268 f.; *Todt*, BB 1971, 680 (681 f.); *Köpcke*, S. 143 Fn. 7.
[20] *Larenz*, SchR II § 48 III b 3 (S. 154 ff.); *Diederichsen*, AcP 165, 150 (168 f.); *Fikentscher*, SchR § 74 II 6 a; *Thiele*, JZ 1967, 649 (655).
[21] SBT § 70 I 2 c.
[22] Nachwort S. 161 f.

4. Der Umfang der Haftung des Werkunternehmers nach § 635

Besonders umstritten ist die Frage des Umfangs der Nichterfüllungshaftung beim Werkvertrag.

a) Begrenzung auf bestimmte unmittelbare Schäden

Die Rechtsprechung[23] und ein großer Teil der Literatur[24] wollen den Regelungsbereich des § 635 auf bestimmte *unmittelbare* Schäden begrenzen. Mittelbare Schäden sollen demgegenüber aus positiver Vertragsverletzung ersetzt werden. Dabei ist im einzelnen unklar, wie der unmittelbare vom mittelbaren Schaden abgegrenzt werden soll. Teilweise wird darauf abgestellt, ob der Schaden dem mangelhaften Werk unmittelbar anhaftet — dann Haftung aus § 635 — oder seinen Grund im Hinzutreten eines besonderen selbständigen Ereignisses hat[25].

Grimm[26] hält den Ort des Schadenseintritts für ausschlaggebend. Danach soll der Schadensersatzanspruch wegen Nichterfüllung nach § 635 nur den Schaden erfassen, der dem Werk anhaftet, während Schäden am sonstigen Vermögen des Bestellers unter die p.V.V. fallen. Dabei zählt er zu den werkinhärenten Schäden nur den Minderwert und den entgangenen Gewinn.

Nach Auffassung von *Larenz*[27] kommt es darauf an, ob der Schaden in der minderen Beschaffenheit des hergestellten Werks, also etwa in der geringeren Leistungsfähigkeit oder zeitweiligen Unbrauchbarkeit der gelieferten Maschine und dem dadurch bedingten Vermögensverlust besteht oder in der Verletzung eines anderen Rechtsguts und den dadurch verursachten Nachteilen. Für Verletzungen eines Rechtsguts soll der Besteller Schadensersatz nicht nach § 635, sondern aus positiver Vertragsverletzung verlangen können.

---

[23] RGZ 64, 41 (43/44) (Grundstückstaxe); RG JW 1911, 444 (Klavierstuhl); RGZ 71, 173 (175) (Kühlanlage); RGZ 93, 158 (160/161) (Wasserturbine); RG Warn 1920, Nr. 33 S. 45 (Spülstein); RGZ 95, 2 (4) (Schotteranlage); RG Recht 1926, Nr. 1667 (Ölpresse); RGZ 115, 122 (125) (Kreditauskunft); RG JW 1938, 1646 (Hausschwamm); BGHZ 37, 341 (343/344) (Architektenfall I); BGH NJW 1964, 1022 (1024) (Architektenfall II); BGHZ 48, 257 (261) (Statikervertrag); NJW 1969, 1710 (1711) (Absaugeanlage); BGH NJW 1971, 1131 (Achsaggregat); BGHZ 58, 225 (Vermessungsingenieur); NJW 1972, 625 (Architektenfall III).

[24] *Denecke* in RGRK-BGB, § 635 Anm. 4; *Staudinger / Riedel*, § 635 Rz. 8; *Erman / Wagner*, § 635 Rz. 3; *Grimm*, NJW 1968, 14 (17 f.); *Schlechtriem*, VersR 1973, 581 (590 ff.); *Larenz*, SchR II § 53 II b (S. 231); *Diederichsen*, AcP 165, 150 (164); *Todt*, BB 1971, 680 (682).

[25] So überwiegend das RG; vgl. RG JW 1911, 444; Warn 1920, Nr. 33 S. 45; RGZ 95, 2 (4); Recht 1926, Nr. 1667; RGZ 115, 122 (125); JW 1938, 1646; *Denecke* in RGRK, § 638 Anm. 4; *Erman / Wagner*, § 635 Rz. 2; *Staudinger / Riedel*, § 638 Rz. 8.

[26] NJW 1968, 14 (17 f.).

[27] SchR II § 53 II b (S. 231); ebenso *Diederichsen*, AcP 165, 150 (155, 164).

I. Meinungsstand

Todt[28] differenziert nach Schadenstypen. Den Minderwert, die Kosten für die Mängelbeseitigung, die Vertragskosten, die Kosten für die Beschaffung einer Ersatzleistung, den Wertverlust durch den Untergang der Leistung und den entgangenen Gewinn zählt er zu den nach § 635 zu ersetzenden Nichterfüllungsschäden, den Schaden an Gesundheit und Eigentum sowie zusätzliche oder nutzlose Aufwendungen, die der Besteller machen muß oder gemacht hat, zu den Begleitschäden, die von der Haftung aus positiver Vertragsverletzung erfaßt werden. Wird der Besteller seinerseits wegen eines mit dem Mangel zusammenhängenden Schadens von seinem Abnehmer auf Schadensersatz in Anspruch genommen (Haftpflichtschaden), so hängt die Art des Regreßanspruchs davon ab, ob der Abnehmer einen Nichterfüllungsschaden oder einen Begleitschaden geltend macht[29].

Der *BGH*[30] hat zunächst darauf abgestellt, ob der Schaden dem Werk unmittelbar anhaftet, weil es — wegen des Mangels — unbrauchbar, wertlos oder minderwertig ist, oder ob der Schaden dem Besteller als weitere Folge des Mangels außerhalb des Werkes erwachsen ist. Später hat er für die Anwendbarkeit der §§ 635, 638 ausreichend sein lassen, daß der Schaden eng und unmittelbar mit dem Werkmangel zusammenhängt[31]. Damit kann sich die Schadensersatzhaftung wegen Nichterfüllung auch auf die mittelbaren, außerhalb des Werks eintretenden Schäden erstrecken wie etwa bei Schäden an einem Bauwerk infolge der fehlerhaften Fertigung eines Bauplans durch einen Architekten oder einer fehlerhaften Berechnung durch einen Statiker[32]. Den engen und unmittelbaren Zusammenhang sieht der BGH darin, daß der Plan und die Berechnung ihre Verkörperung in dem Bauwerk finden und Fehler notwendig zu Mängeln am Bauwerk führen.

Einen engen und unmittelbaren Zusammenhang bejaht der BGH weiter zwischen der mangelhaften Errichtung eines Hauses und den Kosten, die der Bauherr für die Abstützung, den Umzug in eine andere Wohnung und die Miete einer Ersatzwohnung bezahlen muß[33]. Der

---

[28] Schadensersatzansprüche, S. 132 ff.; BB 1971, 680 (683 f.).

[29] Eine entsprechende Auffassung vertritt *Todt* für die Abgrenzung der Schadensersatzansprüche wegen Nichterfüllung nach § 463 S. 2 und § 538.

[30] BGHZ 35, 130 = LM Nr. 3 zu § 638 mit Anm. *Rietschel* (Wackelspatzenfall).

[31] Vgl. BGHZ 37, 341 (343/344); JZ 1963, 596 (598); NJW 1964, 1022 (1023); BGHZ 46, 238 (239); BGHZ 48, 257 (261); NJW 1969, 1710 (1711); NJW 1970, 421 (423); NJW 1971, 99 (100); NJW 1971, 1131; NJW 1972, 625 (626); BGHZ 58, 225 (228); BGHNJW 1976, 1502.

[32] Vgl. BGHZ 37, 341 (343/344); 48, 257 (261); NJW 1972, 625. Entsprechendes gilt auch für die Folgen eines Meßfehlers durch einen Vermessungsingenieur, vgl. BGHZ 58, 225.

[33] Vgl. BGHZ 46, 238 ff.

Grund liegt darin, daß diese Kosten ihren Grund in der Mangelhaftigkeit und mangelnden Nutzbarkeit des Werkes haben.

Eng und unmittelbar soll auch der Zusammenhang zwischen der fehlerhaften Montage eines Achsaggregats an den Längsträgern eines LKW's und dadurch hervorgerufenen Rahmenrissen sein[34]. Hier spielt die Erwägung eine Rolle, daß die Längsträger in die Werkleistung mit einbezogen waren.

Demgegenüber soll ein enger und unmittelbarer Zusammenhang fehlen zwischen der Erstellung eines mangelhaften Gutachtens und einem dadurch erlittenen Vermögensschaden[35], ferner zwischen dem Mangel an einem körperlichen Gegenstand und einer dadurch verursachten Körperverletzung oder Eigentumsbeschädigung[36].

Eine klare Linie läßt diese Rechtsprechung nicht erkennen[37]. Der BGH vermeidet es bewußt, sich auf feste Abgrenzungskriterien festzulegen, und will jeweils aus der Interessenlage des Einzelfalls ermitteln, ob ein enger und unmittelbarer Zusammenhang zwischen Mangel und Schaden vorliegt, der eine Anwendung der §§ 635, 638 rechtfertigt[38].

Schlechtriem[39] stimmt dem im Ergebnis zu. Nach seiner Auffassung zeichnen sich bestimmte Arten von Werksverträgen durch Besonderheiten aus, die bei der Frage der anzuwendenden Haftungsvorschriften berücksichtigt werden müssen. Bei Schäden infolge fehlerhafter Gutachten[40] erweise sich auf die Sachmängel zugeschnittene Verjährungsregelung des § 638 als wenig sachgerecht. Die Haftung aus positiver Vertragsverletzung diene hier als Korrekturbehelf. Bei der Haftung des Architekten (Statikers, Vermessungsingenieurs) für Baumängel infolge fehlerhafter Pläne und Berechnungen[41] gehe es darum, eine haftungsmäßige Gleichstellung mit anderen am Bauwerk beteiligten

---

[34] BGH NJW 1971, 1131.

[35] BGH NJW 1965, 106; BGH NJW 1976, 1502; ebenso bereits RGZ 64, 61 für den Fall einer fehlerhaften Grundstückstaxierung und RGZ 115, 122 für eine fehlerhafte Kreditauskunft.

[36] Vgl. BGH VersR 1962, 480 (Heizkörper); VersR 1971, 84 (Wendeltreppe); BGHZ 58, 305 (308) (Ölfeuerungsanlage); ebenso bereits im Ergebnis RG JW 1911, 444 Nr. 6 = Warn Rspr. 1911, S. 259 Nr. 235 (Klavierstuhl); RGZ 148, 148 (Haartrocknungsmaschine).

[37] Ebenso *Finger*, DB 1972, 1211 (1217).

[38] Vgl. BGH NJW 1972, 625, wo der BGH seine Auffassung gegenüber Angriffen aus dem Schrifttum ausdrücklich verteidigt; ferner NJW 1976, 1502.

[39] VersR 1973, 581 (590 ff.); vgl. auch NJW 1972, 1554 (1555).

[40] Vgl. RGZ 64, 61 (Grundstückstaxe); RGZ 115, 122 (Kreditauskunft); BGH NJW 1965, 106 (Rechtsanwaltsauskunft); BGH NJW 1976, 1502 (Grundstücksschätzung).

[41] Vgl. BGHZ 37, 341; 48, 257; NJW 1972, 625; BGHZ 58, 225.

Personen zu erzielen[42]. Körper- und Sachschäden infolge eines Beförderungsunfalls[43] lägen außerhalb des typischen, vom Gesetzgeber gesehenen Risikos mangelhafter Werkherstellung und seien aus diesem Grunde unter die Haftung aus positiver Vertragsverletzung einzuordnen.

Wo sich durch spezifische Eigenarten gekennzeichnete Fallgruppen nicht bilden lassen, will Schlechtriem danach unterscheiden, welches Interesse verletzt ist. Beeinträchtigungen des Integritätsinteresses durch Verletzung eines außerhalb des Werks liegenden Rechtsguts sollen unter die Haftung aus positiver Vertragsverletzung fallen, andere Schäden (Nutzungsausfall, merkantiler Minderwert, Mehrkosten zur Herstellung eines gebrauchstauglichen Werks, erhöhte Unkosten für den Betrieb, Vertragskosten, nutzlose Aufwendungen) unter die Nichterfüllungshaftung nach § 635[44].

b) *Bestimmung durch Auslegung*

Einen anderen Ansatzpunkt wählt *Eike Schmidt*[45]. Er will den Umfang der Nichterfüllungshaftung nach § 635 durch Auslegung des jeweiligen Vertrages ermitteln. Er hält es für möglich, daß die Parteien den Schutz der Rechtsgüter des Bestellers in die Leistungspflicht des Unternehmers einbeziehen, so etwa dann, wenn der Werkmangel typischerweise eine Gefährdung der Rechtsgüter des Bestellers mit sich bringt oder wenn das Werk dazu dienen soll, einen Schaden an den Rechtsgütern des Bestellers abzuwenden. In einem solchen Fall soll der Schadensersatzanspruch wegen Nichterfüllung nach § 635 auch Beeinträchtigungen des Integritätsinteresses mit umfassen können.

c) *Ersatz des gesamten Schadens*

Es lassen sich aber auch Stimmen finden, die sich gegen jede Einschränkung der Schadensersatzhaftung nach § 635 aussprechen[46]. Zu ersetzen ist danach jeder Schaden, der auf der Mangelhaftigkeit des Werkes beruht.

---

[42] Der BGH wendet hier einheitlich die für Bauwerke geltende Verjährungsfrist von 5 Jahren an; vgl. BGHZ 37, 341 (344). Die Verjährungsfrist beginnt nach BGH NJW 1974, 95 mit der Abnahme des Entwurfs.

[43] Vgl. RGZ 62, 119; 66, 12; 109, 195.

[44] Dies soll auch dann gelten, wenn der Schaden bei einem Dritten eintritt, der deswegen Schadensersatzansprüche gegen den Besteller geltend machen kann. Entscheidend soll jeweils sein, wie der Schaden einzuordnen wäre, wenn er beim Besteller selbst eingetreten wäre. Vgl. *Schlechtriem*, NJW 1972, 1556 und VersR 1973, 591; ebenso *Todt*, BB 1971, 680 (684).

[45] Nachwort S. 162 f.; ähnlich *Schubert*, JR 1975, 179 ff.

[46] So *Esser*, SBT § 80 II 3 b; *Brox*, Bes. SchR Rn. 270; *Ballerstedt* in Soergel / Siebert, § 635 Rz. 11, und in Festschrift für Larenz, S. 717 ff.; *Medicus*, Festschrift für Kern, S. 313 (322, 326); ders., BürgR § 15 VII 2 d; *Laufs / Schwenger*, NJW 1970, 1817 (1821 f.).

Für eine Haftung aus positiver Vertragsverletzung ist neben § 635 nur insoweit Raum, als es um Schäden geht, die mit Mängeln des Werkes nichts zu tun haben[47]. Unbilligkeiten bei der Verjährung sollen durch eine Korrektur der Verjährungsvorschrift des § 638 ausgeglichen werden[48]. Im übrigen soll der Besteller den Schadensersatzanspruch wegen Nichterfüllung unter Umständen auch neben der Wandlung geltend machen können[49].

5. Zusammenfassung

Sieht man einmal von den Differenzierungen zwischen den einzelnen Vertragstypen ab, so lassen sich aus dem Dickicht der Meinungen über den Umfang der Nichterfüllungshaftung nach §§ 463, 480 Abs. 2, 538, 635 im wesentlichen drei Grundauffassungen herauskristallisieren:

Nach der einen Auffassung umfaßt der Schadensersatzanspruch wegen Nichterfüllung alle Schäden, die adäquat kausal mit dem Mangel der Sache oder des Werks zusammenhängen. Das Interesse an der Integrität der vorhandenen Rechtsgüter ist als Teil des durch §§ 463, 480 Abs. 2, 538, 635 geschützten Erfüllungsinteresses[50].

Eine andere, in sich aber nicht einheitliche Auffassung, will den Regelungsbereich der Schadensersatzansprüche wegen Nichterfüllung auf den Mangelschaden (unmittelbaren Schaden, eigentlichen Nichterfüllungsschaden) beschränken. Die verbleibende Lücke soll durch die Haftung aus positiver Vertragsverletzung ausgefüllt werden[51].

Eine dritte Meinung vertritt einen vermittelnden Standpunkt. Mangelfolgeschäden können nach dem Inhalt des Vertrages in den Schutzbereich der Nichterfüllungshaftung einbezogen sein. Der Schutz des Integritätsinteresses kann aber auch außerhalb der Leistungspflicht des Schuldners liegen und Gegenstand einer daneben bestehenden Schutzpflicht sein, für deren Verletzung der Schuldner aus positiver Vertragsverletzung haftet[52].

---

[47] Vgl. *Esser*, a.a.O.; *Laufs / Schwenger*, S. 1822.
[48] *Medicus*, BürgR § 15 VII 2 d; *Ballerstedt*, Festschrift für Larenz, S. 717 (730, 738).
[49] Vgl. *Medicus*, Festschrift für Kern, S. 313 (321, Fn. 28); dafür auch *Jakobs*, JuS 1974, 341 (346).
[50] So insbesondere *Medicus*, Festschrift für Kern, S. 313 ff.; ferner die h. L. beim Mietvertrag, vgl. Teil B Fn. 17, 18.
[51] So die h. L. beim Werkvertrag, vgl. Teil B Fn. 23, 24.
[52] So die h. L. beim Kaufvertrag (§ 463 S. 1), vgl. Teil B Fn. 7, 8 u. 9; weiter *Eike Schmidt*, Nachwort S. 160 ff.

II. Kritik

1. Die Versuche einer generellen Beschränkung der Schadensersatzansprüche wegen Nichterfüllung auf den unmittelbaren Schaden (Mangelschaden, eigentlichen Nichterfüllungsschaden)

a) Die Lokalitätstheorie von Grimm

Grimm[53] begründet seine Auffassung damit, der Schadensersatzanspruch wegen Nichterfüllung könne als Sekundärrecht nicht weiterreichen als das zugrundeliegende „Mutterrecht". Dies sei beim Werkvertrag das Recht auf Mängelbeseitigung gem. § 633 Abs. 2. Zweck dieses Anspruchs sei es, dem Besteller ein mangelfreies Werk zu verschaffen. Er sei nur auf die Beseitigung der Schäden gerichtet, die dem Werk selbst anhafteten und gerade in dessen Mangelhaftigkeit bestünden. Entsprechendes müsse für den an die Stelle des Beseitigungsanspruchs tretenden Schadensersatzanspruch wegen Nichterfüllung gelten.

Unzutreffend erscheint zunächst, daß Grimm das Nachbesserungsrecht als „Mutterrecht" für den Schadensersatzanspruch wegen Nichterfüllung ansieht. Bei der Bestimmung des § 633 Abs. 2 handelt es sich um eine dem Werkvertrag eigentümliche Sondervorschrift, die im Interesse des Werkunternehmers den Gewährleistungsansprüchen des Bestellers vorgeschaltet wurde[54]. Anders als beim Kaufvertrag kann der Besteller nicht sofort Wandelung, Minderung oder Schadensersatz wegen Nichterfüllung verlangen, sondern muß dem Unternehmer zunächst Gelegenheit zur Nachbesserung geben (§ 634 Abs. 1). Nur wenn die Beseitigung des Mangels unmöglich ist, vom Unternehmer verweigert wird oder für den Besteller ohne Interesse ist, können die Gewährleistungsrechte sofort geltend gemacht werden (§ 634 Abs. 2). Das Nachbesserungsrecht stellt sich rechtlich dabei als ein Teil des Erfüllungsanspruchs dar[55]. Auf Schadensersatz wegen Nichterfüllung haftet der Unternehmer wegen mangelhafter Erfüllung, nicht wegen mangelhafter oder unterbliebener Nachbesserung. „Mutterrecht" ist der Erfüllungsanspruch, nicht der Nachbesserungsanspruch[56].

Aber auch mit dieser Einschränkung ist Grimms Auffassung unhaltbar. Es trifft nicht zu, daß der Schadensersatzanspruch wegen Nichterfüllung nicht weiter gehen kann als der Erfüllungsanspruch[57]. Wenn

---

[53] NJW 1968, 14 (16 ff.).
[54] Vgl. *Todt*, Schadensersatzansprüche, S. 130 f.; ders., BB 1971, 680 (682 Fn. 40); *Ballerstedt*, Festschrift für Larenz, S. 717 (735) unter Hinweis auf die Entstehungsgeschichte.
[55] Vgl. *Ballerstedt* (Fn. 54), S. 735.
[56] Zutreffend *Todt*, a.a.O. (Fn. 54).
[57] Unzutreffend insoweit auch *Todt*, Schadensersatzansprüche, S. 140 ff.; BB 1971, 680 (684); *Diederichsen*, AcP 165, 150 (162 ff.).

dies richtig wäre, dürfte der Schadensersatzanspruch wegen Nichterfüllung nur auf Ersatz des Minderwerts gehen, den die Leistung infolge der Mangelhaftigkeit hat[58]. Denn nur dieser Schaden haftet dem Werk selbst an. Diese Konsequenz zieht Grimm freilich nicht. Zutreffend erkennt er, daß der Schadensersatzanspruch wegen Nichterfüllung dann neben dem Minderungsrecht keine eigene Funktion hätte. Also zählt er auch noch den entgangenen Gewinn zum Nichterfüllungsschaden[59]. Damit verläßt er aber seinen eigenen Ausgangspunkt. Denn der entgangene Gewinn ergibt sich nicht aus der Mangelhaftigkeit des Werks selbst, sondern aus Umständen, die in der Person des Bestellers und den Gegebenheiten des Marktes und damit außerhalb des Werkes liegen[60]. Grimm stellt hier plötzlich auf die Nutzbarkeit des Werks ab[61]. Dann ist aber nicht recht zu verstehen, warum der Schadensersatzanspruch wegen Nichterfüllung außer dem Minderwert und dem entgangenen Gewinn nicht auch andere Schäden umfassen kann. Der Nutzen eines Werks erschöpft sich nicht in dessen Veräußerlichkeit oder Vermietbarkeit. Der Besteller kann mit dem Werk auch andere Zwecke verfolgen. Er kann es selber nutzen und dadurch Kosten sparen[62]. Es kann ihm etwa auch dazu dienen, Schäden von seinen Rechtsgütern abzuhalten, wie etwa bei der Reparatur eines defekten Daches. Auch diese Nutzungsmöglichkeiten sind dem Werk „inhärent" und machen dessen individuellen Wert für den Besteller aus.

b) Die Differenzierung nach dem betroffenen Rechtsgut (Larenz)

Auch die Abgrenzung von *Larenz*[63] nach dem betroffenen Rechtsgut vermag nicht zu überzeugen. Diese Abgrenzung erweist sich in doppelter Hinsicht als zu eng.

Zum einen ist sie nicht geeignet, die besonderen Beziehungen, die zwischen der fehlerhaften Anfertigung eines Bauplans oder einer statistischen Berechnung und Schäden an dem danach errichteten Bauwerk bestehen, zu erfassen. Larenz sieht sich hier gezwungen, eine Ausnahme zuzulassen. Er zählt die Schäden am Bauwerk, obwohl sie an einem anderen Rechtsgut eintreten, zu den Nichterfüllungsschäden i. S. d. § 635[64]. Er begründet dies — ähnlich wie der BGH[65] — damit,

---
[58] So konsequent *Diederichsen*, S. 163.
[59] NJW 1968, 14 (17).
[60] Vgl. *Laufs / Schwenger*, NJW 1970, 1817 (1820), *Todt*, Schadensersatzansprüche, S. 131.
[61] NJW 1968, 17 f.
[62] Vgl. den Hauseinsturzfall BGHZ 46, 238 ff. = NJW 1967, 340 ff.
[63] SchR II § 53 II b (S. 231 f.).
[64] a.a.O., S. 232.
[65] BGHZ 37, 341 (344).

daß sich der Fehler des Plans *unmittelbar* in der Fehlerhaftigkeit des Bauwerks fortsetzt. Er greift damit hilfsweise auf ein Abgrenzungskriterium zurück, das er im übrigen ablehnt[66].

Zum anderen läßt die Abgrenzung nach betroffenen Rechtsgütern offen, wie Folgeschäden einzuordnen sind, die nicht an einem konkreten Rechtsgut eintreten, sondern lediglich das Vermögen als solches berühren. Zu denken ist etwa an den Haftpflichtschaden, den der Besteller erleidet, weil er infolge der Mangelhaftigkeit seinerseits einem Dritten Schadensersatz leisten muß, oder an den Vermögensschaden infolge eines fehlerhaften Gutachtens[67].

Unklar bleibt vor allem, warum eigentlich die Schäden an einem anderen Rechtsgut unter die Haftung aus positiver Vertragsverletzung und nicht unter die Nichterfüllungshaftung fallen sollen. Es ist zwar denkbar, daß man die Verletzung eines anderen Rechtsguts infolge der Gefährlichkeit des erbrachten Leistungsgegenstandes als eigenständige Pflichtverletzung neben der Verletzung der Leistungspflicht auffaßt und so begründet, warum der Schuldner für Eigentums- und Gesundheitsverletzungen aus positiver Vertragsverletzung haftet[68]. Damit ist aber nicht notwendig gesagt, daß die Nichterfüllungshaftung derartige Schäden nicht auch umfassen kann. Beide Fragen, die Frage nach dem Umfang der Schadensersatzansprüche wegen Nichterfüllung und die Frage nach dem Regelungsbereich der positiven Vertragsverletzung sind streng voneinander zu trennen[69]. Von dem einen darf nicht ohne weiteres auf das andere geschlossen werden, will man sich nicht der Gefahr seiner petitio principii aussetzen[70].

c) *Die Abgrenzung nach Erfüllungsinteresse und Erhaltungsinteresse (Thiele, Todt)*

Bedenken ergeben sich auch gegen den Versuch, die Haftungsbereiche der Schadensersatzhaftung wegen Nichterfüllung und der Haftung aus positiver Vertragsverletzung auf der Grundlage des Gegensatzes von Erfüllungsinteresse und Erhaltungsinteresse voneinander abzugrenzen[71]. Dagegen hat schon *Medicus*[72] zutreffend eingewandt, eine solche

---

[66] Vgl. die Ausführungen S. 231.
[67] Gegen Larenz daher auch *Todt*, Schadensersatzansprüche, S. 124 f.; BB 1971, 680 (682/683).
[68] Vgl. Kap. F.
[69] Zutreffend *Herberger*, S. 132 für das Verhältnis von Ansprüchen aus § 463 und positiver Vertragsverletzung.
[70] Vgl. die Kritik von *Ballerstedt*, Festschrift für Larenz, S. 717 (737).
[71] So *Thiele*, JZ 1967, 649 (654 ff.); *Todt*, Schadensersatzansprüche, S. 132 ff.; ders., BB 1971, 680 (683 ff.).
[72] Festschrift für Kern, S. 313 (329 ff.). Diese Ausführungen sind gegen *Thiele* gerichtet. Die Einwände von Medicus gelten aber auch für die Auf-

Abgrenzung sei gar nicht möglich. Er verdeutlicht dies an dem Beispiel des Handelsvertreters, der sich einen Kraftwagen gekauft hat, um damit Kundenbesuche zu machen. Bleibt der Wagen infolge eines Mangels stehen und entgeht dem Handelsvertreter dadurch ein Geschäftsabschluß und damit die dafür zu zahlende Provision, so stellt sich die Frage, ob hier das Erfüllungsinteresse oder das Erhaltungsinteresse betroffen ist. Da die Provisionsforderung noch nicht zum Vermögen des Käufers gehört, könnte man der Auffassung sein, der Verlust beeinträchtige das Erfüllungsinteresse. Andererseits läßt sich die Provisionsforderung auch als Anwartschaft verstehen, die bereits zum vorhandenen Vermögen zählt und deren Verlust daher das Erhaltungsinteresse berührt.

Todt[73] sieht in einem derartigen Schaden eine Verletzung des Erhaltungsinteresses, der über die Haftung aus positiver Vertragsverletzung auszugleichen ist. Dafür spricht, daß die Provision im Unterschied zu dem durch Vermietung oder Verkauf zu erzielenden Gewinn als Chance nicht in dem Wagen selbst verkörpert ist, sondern auf einem von dem Wagen unabhängigen Geschäftsabschluß beruht[74].

Schwierigkeiten bereitet auch die Einordnung der Reparatur- und Abschleppkosten, die der Handelsvertreter bezahlen muß. Sie entnimmt der Käufer dem vorhandenen Vermögen. Insoweit ist sein Erhaltungsinteresse betroffen. Andererseits dienen sie der Herstellung des Zustandes, der bei ordnungsgemäßer mangelfreier Erfüllung bestünde. Dies spricht für eine Einordnung unter das Erfüllungsinteresse und damit unter den Schadensersatzanspruch wegen Nichterfüllung.

Todt will hier diffenzieren. Die Reparaturkosten zählt er, weil sie der Herstellung einer mangelfreien Sache dienen, zum Erfüllungsinteresse[75], die Abschleppkosten als zusätzliche Aufwendungen, die das vorhandene Vermögen belasten, zum Erhaltungsinteresse[76]. Diese Unterscheidung überzeugt nicht, da jeweils auf einen anderen Bezugspunkt abgestellt wird, ohne daß der Grund dafür ersichtlich würde.

Fraglich ist weiter, wie die Kosten einzuordnen sind, die der Käufer für Eisenbahnfahrten usw. aufwenden muß, weil er den beschädigten PKW während der Reparaturzeit nicht benutzen kann. Als zusätzliche

---

fassung von *Todt*, da dieser auf der gleichen Grundlage aufbaut und lediglich versucht, Erfüllungsinteresse und Erhaltungsinteresse durch die Bildung bestimmter Schadenstypen näher zu präzisieren.

[73] Schadensersatzansprüche, S. 136, 148.
[74] Vgl. auch *Grimm*, NJW 1968, 14 (17 Fn. 24).
[75] Schadensersatzansprüche, S. 134, 145; BB 1971, 680 (683 f.).
[76] Schadensersatzansprüche, S. 148; BB 1971, 680 (684); ebenso *Grimm*, NJW 1968, 18.

Kosten fallen sie nach *Todt*[77] unter das Erhaltungsinteresse. Für eine Einordnung unter das Erfüllungsinteresse könnte indessen sprechen, daß die Eisenbahnfahrten einen Ersatz für die infolge des Mangels nicht mögliche Nutzung des Autos darstellen und den Käufer zwischenzeitlich so stellen sollen, wie er bei ordnungsgemäßer Erfüllung stünde[78].

Der Fall läßt sich noch weiterspinnen. So ist etwa denkbar, daß der Käufer Kosten für die Überführung und die Anmeldung des PKW aufgewendet oder eine Garage angemietet hat und sich diese Aufwendungen als nutzlos erweisen, weil der PKW infolge des Mangels überhaupt nicht mehr nutzbar ist. *Todt*[79] unterscheidet hier zwischen den Vertragskosten, die er zu den Nichterfüllungsschäden zählt, und den nutzlosen Aufwendungen, die er zu den aus positiver Vertragsverletzung zu ersetzenden Begleitschäden rechnet.

Ein stichhaltiger Grund für die unterschiedliche Behandlung ist nicht ersichtlich[80]. Beide Arten von Aufwendungen werden durch den Vertragsabschluß veranlaßt. Sie belasten das vorhandene Vermögen und erweisen sich infolge der Mangelhaftigkeit als nutzlos. Wenn überhaupt, so wären diese Schäden also unter die Haftung aus positiver Vertragsverletzung einzuordnen.

Dies erscheint jedoch aus einem anderen Grund zweifelhaft. Die Vertragskosten und die sonstigen Aufwendungen auf die Sache vermindern das vorhandene Vermögen auch dann, wenn die Sache mangelfrei ist. Sie hängen nicht kausal mit dem Mangel zusammen[81], sondern sind bereits vor dem Erwerb der Sache entstanden. Die Regelung des § 467 S. 2 spricht dafür, daß der Gläubiger derartige Nachteile nur im Rahmen der Ansprüche geltend machen kann, die ihm bei Wandelung des Vertrages zustehen[82].

d) Das besondere, selbständige Ereignis (RG)

Kausalitätsüberlegungen, wie sie der Abgrenzung des Reichsgerichts[83] nach der Anzahl der Schadensursachen zugrunde liegen[84], erscheinen gleichfalls wenig geeignet, den Regelungsbereich der Schadensersatz-

---
77 Wie Fn. 76.
78 Vgl. *Medicus*, FS Kern, S. 330.
79 Schadensersatzansprüche, S. 145, 148; BB 1971, 680 (684).
80 Gegen eine Unterscheidung auch *Schlechtriem*, VersR 1973, 581 (593).
81 Dies verkennt auch *Todt*, Schadensersatzansprüche, S. 148, nicht.
82 Vgl. im einzelnen Kap. E III 3.
83 Vgl. Nachweise oben Fn. 25.
84 Vgl. die Analyse von *Grimm*, NJW 1968, 14 ff.

haftung wegen Nichterfüllung einerseits und der Haftung aus positiver Vertragsverletzung andererseits zu bestimmen[85]. Jeder Schaden, außer dem durch die Mangelhaftigkeit der Sache bedingten Minderwert, beruht auf einem „besonderen, selbständigen Ereignis". Dies gilt für den entgangenen Gewinn ebensogut wie für den Schaden, der durch die Verletzung eines anderen Rechtsguts bei Gebrauch der Sache entsteht[86]. Der Gewinnausfall ist Folge des Umstandes, daß der Besteller das Werk infolge seiner Mangelhaftigkeit nicht veräußern oder vermieten kann. Konsequenterweise müßte er daher auch zu dem mittelbaren, der Haftung aus positiver Vertragsverletzung unterfallenden Schaden gezählt werden und nicht zum mittelbaren, gem. § 635 zu ersetzenden Nichterfüllungsschaden[87]. Dies wäre ein mißliches Ergebnis angesichts der Tatsache, daß der entgangene Gewinn sonst für den Nichterfüllungsschaden geradezu typisch ist.

e) Der enge und unmittelbare Zusammenhang (BGH)

Angesichts des beschriebenen Abgrenzungsdilemmas und der Unbrauchbarkeit der bisherigen Abgrenzungsversuche verwundert es nicht, wenn der *BGH* sich auf die Leerformel vom engen und unmittelbaren Zusammenhang zwischen Mangel und Schaden zurückgezogen hat, um den Anwendungsbereich der §§ 635, 638 zu beschreiben[88]. Diese Formel ist zwar flexibel genug, um alle möglichen Fallgestaltungen zu erfassen, läßt aber offen, nach welchen Wertungen der enge und unmittelbare Zusammenhang bejaht werden soll. Damit ist auch dieses Kriterium letztlich unbrauchbar, ja überflüssig.

Die Beschränkung der Haftung aus § 635 auf die eng und unmittelbar mit dem Mangel zusammenhängenden Schäden steht zudem in einem auffälligen Gegensatz zur Rechtsprechung, wie sie der BGH zu §§ 463, 480 Abs. 2, 538 vertritt. Hier lehnt der BGH eine Begrenzung der Haftung auf die unmittelbaren Schäden ab[89]. Dies überrascht, da auch diese Ansprüche auf „Schadensersatz wegen Nichterfüllung" bei mangelhafter Leistung gerichtet sind[90].

---

[85] Ebenso *Todt*, Schadensersatzansprüche, S. 119 f.; kritisch zur Rechtsprechung des RG auch BGHZ 35, 130 (133/134).

[86] Vgl. dazu etwa den Klavierstuhlfall RG JW 1911, 444.

[87] Der entgangene Gewinn zählt auch sonst nicht zum „unmittelbaren" Schaden oder Objektschaden. Vgl. *Neuner*, AcP 133, 277 (290 ff.); *Larenz*, VersR 1963, 1 (6); SchR I § 27 II 3; *Palandt / Heinrichs*, Vorb v § 249 Anm. 2 f.

[88] Vgl. zusammenfassend BGH NJW 1972, 625; weitere Nachweise oben Fn. 31.

[89] Beim Kauf (§ 463 S. 1) ist der Schutzzweck der Zusicherung entscheidend, bei der Miete die Adäquanz des Schadens, vgl. oben Fn. 8 und Fn. 17.

[90] Auf diesen Widerspruch hat *Medicus*, Festschrift für Kern, S. 313 (314), zu Recht hingewiesen.

II. Kritik

Der Hauptgrund für diese Differenzierung liegt in der Verjährungsregelung des § 638[91]. Die Frist von sechs Monaten, beginnend mit der Abnahme des Werkes, paßt nur auf solche Werke, bei denen der Besteller den Mangel innerhalb dieser Frist überhaupt erkennen kann. Dies ist bei mangelhaften Gutachten regelmäßig nicht der Fall. Der Besteller verfügt nicht über die notwendigen Fachkenntnisse, um die Richtigkeit des Gutachtens beurteilen zu können. Die Mangelhaftigkeit zeigt sich für ihn erst dann, wenn der Schaden eingetreten ist. Dann ist es aber häufig schon zu spät, um noch einen Schadensersatzanspruch gem. § 635 erheben zu können. Indem man den Vermögensschaden infolge der vorgenommenen Dispositionen als „mittelbaren" Schaden einstuft und aus dem Regelungsbereich des § 635 herausnimmt, läßt sich diese mißliche Folge umgehen. Der Schaden fällt dann unter die Haftung aus positiver Vertragsverletzung und kann gem. § 195 30 Jahre lang geltend gemacht werden[92].

Es stellt sich die Frage, ob es in derartigen Fällen nicht richtiger ist, die Verjährungsnorm des § 638 selbst zu korrigieren, statt den „Schleichweg"[93] über die Einschränkung des zugrunde liegenden Haftungstatbestandes zu wählen. Die wahren Wertungen würden so deutlicher. Die Lösung des BGH setzt sich zu der Tatsache in Widerspruch, daß die §§ 633 ff. für die Verletzung der Leistungspflicht spezielle Regelungen enthalten und § 635 dem Besteller gerade dafür einen Ausgleich gewähren will, daß er das Werk nicht in der vorgesehenen Weise benutzen kann[94]. Dazu gehört auch der Schaden, den der Besteller durch die Verwendung eines mangelhaften Gutachtens erleidet[95].

Bei den Körper-, Gesundheits- und Eigentumsschäden infolge mangelhafter Beförderung[96] oder Erbringung einer mangelhaften Sachleistung[97] ist die Lage anders. Hier spielt die Verjährungsfrage eine weniger entscheidende Rolle, weil regelmäßig ein Deliktsanspruch nach § 823 Abs. 1 gegeben ist, der nach § 852 erst in drei Jahren nach Erlangung der Kenntnis von Schädiger und Schaden verjährt. Die deliktische Haftung kann aber versagen, wenn der Schuldner bei der Erfüllung einen Gehilfen einsetzt und dieser den Schaden verursacht. Der Schuldner hat hier gem. § 831 Abs. 1 S. 2 die Möglichkeit, sich durch Führung eines Entlastungsbeweises von der Haftung zu befreien. Dies wird den

---

[91] Zur gleichen Beurteilung kommen *Ballerstedt*, Festschrift für Larenz, S. 717 (738); *Finger*, DB 1972, 1211 (1218 f.); *Schlechtriem*, VersR 1973, 581 (590).
[92] Vgl. RGZ 64, 61; 115; 122; BGH NJW 1965, 106; NJW 1976, 1502 (1503).
[93] *Medicus*, Festschrift für Kern, S. 313 (327).
[94] Vgl. Kap. D IV.
[95] Vgl. Kap. D IV 3.
[96] Vgl. RGZ 62, 119; 66, 12; 109, 195.
[97] Vgl. die in Fn. 36 genannten Fälle.

besonderen Einwirkungsmöglichkeiten, die der Schuldner im Rahmen eines Vertrages auf die Rechtsgüter des Gläubigers hat, nicht gerecht. Die Haftung aus positiver Vertragsverletzung dient hier als Ausgleich. Sie erweitert den deliktischen Rechtsgüterschutz im Vertragsbereich, da der Schuldner aus positiver Vertragsverletzung nach § 278 für das Verschulden seiner Erfüllungsgehilfen ohne Entlastungsmöglichkeit haftet[98]. Weil das Interesse am Schutz der vorhandenen Rechtsgüter unabhängig vom Inhalt des jeweiligen Vertrages und damit verfolgten besonderen Interessen besteht, wird die Haftung aus der Sonderregelung für Sachmängel herausgenommen und der allgemeinen Haftung für die Verletzung von Vertragspflichten aus positiver Vertragsverletzung unterstellt.

Über die Frage der Verjährung ist damit freilich noch nichts entschieden. Die 30-Jahresfrist des § 195, von der die Rechtsprechung ausgeht, erscheint erheblich zu lang. Wegen des deliktsähnlichen Charakters der Haftung aus positiver Vertragsverletzung bietet sich eine entsprechende Anwendung des § 852 an[99].

2. Die Bestimmung der Schadensersatzansprüche wegen Nichterfüllung nach der Differenztheorie (Medicus)

Halten wir fest: Keiner der Versuche, den Umfang der Schadensersatzansprüche wegen Nichterfüllung nach §§ 463, 480 Abs. 2, 538, 635 auf den Ersatz bestimmter Schadenstypen zu beschränken, vermochte bisher zu befriedigen. Es scheint daher so, als ob der Auffassung von Medicus[100] zuzustimmen ist, daß diese Schadensersatzansprüche grundsätzlich jeden Schaden umfassen, der adäquat kausal mit dem Mangel zusammenhängt.

Medicus begründet dies mit allgemeinen schadensersatzrechtlichen Grundsätzen. Schadensersatz wegen Nichterfüllung bedeute, daß der Zustand herzustellen sei, der bei ordentlicher — das heißt mangelfreier — Erfüllung bestünde; da bei mangelfreier Erfüllung auch die Mangelfolgeschäden nicht eingetreten wären, so seien also auch diese zu ersetzen. In Übereinstimmung mit der Differenztheorie[101] vergleicht Medicus zwei Vermögenslagen, die Vermögenslage, wie sie infolge der mangelhaften Erfüllung tatsächlich besteht, und die hypothetische Ver-

---

[98] Vgl. *Schlechtriem*, VersR 1973, 581 (582, 591 f.).
[99] Vgl. Kap. F III 4.
[100] Festschrift für Kern, S. 313 (319, 323).
[101] Vgl. dazu *Palandt / Heinrichs*, Vorb v § 249 Anm. 2; *Alff* in RGRK, Rz. 2 vor §§ 249 - 255; *Soergel / R. Schmidt*, Rz. 3 zu §§ 249 - 253; *Staudinger / Werner*, Rz. 9 vor § 249; *Enneccerus / Lehmann*, SchR § 14 I; BGHZ 11, 16 (26); 27, 182 (183); 40, 345 (347).

II. Kritik

mögenslage bei ordentlicher Erfüllung, und ermittelt so den zu ersetzenden Schaden. Entscheidender Wertungsgesichtspunkt für die Schadenszurechnung ist die Kausalität zwischen Mangel und Schaden.

Es stellt sich indessen die Frage, ob diese Art der Schadensberechnung auch für den Bereich der Schadensersatzansprüche wegen Nichterfüllung nach §§ 463, 480 Abs. 2, 538, 635 sachgerecht ist. Die genannten Bestimmungen gewähren ausdrücklich nur einen Schadensersatzanspruch „wegen Nichterfüllung". Es heißt nicht etwa, zu ersetzen sei der „aus Mangelhaftigkeit der Sache" entstehende Schaden[102]. Der Gläubiger soll also lediglich einen Ausgleich dafür erhalten, daß er eine mangelhafte und damit nicht wie vorgesehen voll nutzbare Leistung erhalten hat und sein Erfüllunginteresse verletzt ist.

Welches Interesse der Gläubiger an der Erfüllung des Vertrages hat, läßt sich generell nicht sagen, sondern hängt von den Zwecken ab, die der Gläubiger mit dem Abschluß des Vertrages verfolgt. Wer einen Werkvertrag über die Reparatur seines undichten Daches abschließt, will damit auch sein Eigentum vor Feuchtigkeitsschäden schützen. Das Interesse des Bestellers an der Erfüllung des Vertrages beschränkt sich hier nicht darauf, die Reparaturleistung als solches zu erhalten, sondern umfaßt gerade auch den Schutz seines Eigentums. Wird die Reparatur mangelhaft durchgeführt und das Eigentum des Bestellers daher beschädigt, so ist auch dieser Schaden als „Nichterfüllungsschaden" i. S. d. § 635 anzusehen[103].

Denkbar ist aber auch, daß der Besteller keinen derartigen Zweck verfolgt, sondern das Werk in anderer Weise für sich verwenden oder es an Dritte veräußern will[104]. In diesem Fall liegt der Schutz von Körper, Gesundheit und Eigentum außerhalb des Erfüllungsinteresses und ist Teil des allgemeinen, von der Erfüllung unabhängigen Schutzinteresses, keinen Gefahren für Körper, Gesundheit und Eigentum ausgesetzt zu sein.

Das Erfüllungsinteresse kann sich also auch auf den Schutz der vorhandenen Rechtsgüter beziehen, muß dies aber nicht notwendig. Die Differenztheorie, die *Medicus* seiner Auffassung zugrunde legt, ist zu pauschal, um die besonderen Interessen, die hinter einem Vertrag stehen, erfassen zu können. Sie vergleicht für alle Haftungstatbestände einheitlich zwei Vermögenslagen, ohne danach zu fragen, welches Interesse jeweils geschützt werden soll und ob der Schutzzweck individueller, genereller oder spezieller Art ist[105]. *Medicus* berücksichtigt

---
[102] Darauf weist zutreffend *Schaumburg*, MDR 1975, 105 (109), hin.
[103] Zutreffend *Eike Schmidt*, Nachwort, S. 163.
[104] Vgl. etwa den Klavierstuhlfall RG JW 1911, 444.
[105] Vgl. dazu im einzelnen Kap. C II.

nicht, daß ein Vertrag der Befriedigung individueller Bedürfnisse dient und daher auch der Schadensersatzanspruch wegen Nichterfüllung als Erfüllungsersatz nur individuell nach dem jeweiligen Vertragszweck bestimmt werden kann.

3. Die Bestimmung des Haftungsumfangs nach der Tragweite der Zusicherung und dem Schutzzweck der Haftungsnorm (Diederichsen)

Von einem individuellen Ansatzpunkt geht *Diederichsen*[106] aus, wenn er den Umfang der Schadensersatzhaftung wegen Nichterfüllung nach § 463 S. 1 nach der Tragweite der jeweiligen Zusicherung bestimmen will. Dem liegt die zutreffende Erkenntnis zugrunde, daß sich der Käufer mit der Zusicherung jeweils vor bestimmten Risiken absichern will. Mit der Zusicherung verspricht der Verkäufer für den Fall, daß sich ein solches Risiko verwirklicht, Schadensersatz zu leisten[107]. Welche Eigenschaften der Verkäufer zugesichert und in welchem Umfang er die Haftung für Schäden übernommen hat, ist eine Frage der Auslegung der jeweiligen Zusicherungsvereinbarung[108]. So kann der Verkäufer neben Eigenschaften, die die Brauchbarkeit und den Wert der Sachen betreffen, auch zusichern, die verkaufte Sache sei ungefährlich. In einem solchen Fall umfaßt die Schadensersatzhaftung nach § 463 S. 1 auch Schäden an Gesundheit und Eigentum, die der Käufer infolge der Gefährlichkeit der verkauften Sache erleidet. Dies ist insbesondere dann anzunehmen, wenn die gekaufte Sache ihrer Nnatur nach gefährlich ist oder der Käufer bei der Benutzung typischen Gefahren ausgesetzt ist, vor denen er sich schützen will. Anders ist die Lage dann, wenn es dem Käufer bei der Zusicherung auf die Sicherheit nicht ankommt, sondern etwa nur auf die Wirtschaftlichkeit oder die Lebensdauer der gekauften Sache[109].

Die Bestimmung der Haftung nach dem Schutzzweck stößt aber dann auf Schwierigkeiten, wenn die Haftung nicht auf einer individuellen Vereinbarung beruht, sondern als gesetzliche Haftungsfolge für die mangelhafte Erfüllung angeordnet ist wie in § 463 S. 2, § 538 und § 635. *Diederichsen* will im Rahmen der Haftung nach § 463 S. 2 darauf abstellen, inwieweit der Verkäufer den Eintritt des Schadens auf Grund des arglistig verschwiegenen Fehlers oder auf Grund der arglistig vorgespiegelten Eigenschaft[110] voraussehen konnte und mußte[111]. Er be-

---

[106] AcP 165, 150 (159 ff.).
[107] Vgl. auch Mot. II, S. 228.
[108] Zutreffend *Diederichsen*, AcP 165, 160 f.
[109] Vgl. die Beispiele bei *Diederichsen*, AcP 165, 160 f.; weiter Kap. D I.
[110] Dieser Fall steht nach allgemeiner Ansicht dem arglistigen Verschweigen eines Fehlers gleich; vgl. RGZ 132, 78; *Palandt / Putzo*, § 463 Anm. 3.
[111] AcP 165, 150 (161).

II. Kritik

gründet dies aus dem Zusammenhang mit der Zusicherungshaftung nach § 463 S. 1. Das Gesetz behandele den Verkäufer im Falle der Arglist so, als hätte er die Abwesenheit des Fehlers oder das Vorhandensein der von ihm vorgespiegelten Eigenschaft garantiert. Da die freiwillig übernommene Garantie nicht weitergehen könne, als die Parteien beabsichtigt hätten, müsse sich auch die Haftung aus § 463 S. 2 nur auf die vorhersehbaren Fehler beschränken[112].

Diese Begründung überzeugt nicht. Nach § 463 S. 2 haftet der Verkäufer gegenüber der normalen, auf Wandelung und Minderung beschränkten Haftung für Sachmängel verschärft, weil er den Käufer arglistig getäuscht hat. Dafür soll er, wie es in den Motiven[113] heißt, mit „empfindlichen Nachteilen" belegt werden. Mit diesem Sanktionszweck verträgt es sich nur schlecht, wenn die Haftung zugunsten des Verkäufers auf die vorhersehbaren Schäden beschränkt wird. Die Haftungsbegrenzung widerspricht auch dem sonst geltenden Grundsatz, daß sich das Verschulden nur auf die haftungsbegründende Pflichtverletzung beziehen muß, nicht aber auf die Folgeschäden[114].

Auf die Schutzzwecklehre kann sich *Diederichsen* in diesem Zusammenhang nicht berufen. Schutzobjekt der Schadensersatzhaftung wegen Nichterfüllung nach § 463 S. 2 ist das Erfüllungsinteresse des Käufers. Dieses ist auf den Erwerb einer Sache mit bestimten Eigenschaften, einem bestimmten Wert und einer bestimmten Funktionstauglichkeit gerichtet. Der Schadensersatzanspruch wegen Nichterfüllung stellt ein Surrogat dafür dar, daß die vorgespiegelten Eigenschaften nicht vorhanden sind, die Sache minderwertig oder nicht in der vorgesehenen Weise verwendbar ist. Welches Interesse der Käufer am Vorhandensein einer Eigenschaft und der Fehlerlosigkeit der Sache hat, hängt von dem jeweiligen Verwendungszweck der Sache ab. Entscheidend ist also ein funktionaler Maßstab. Auf die Vorhersehbarkeit des konkreten Schadens kommt es nicht an.

Ähnliche Bedenken ergeben sich auch gegen den Vorschlag, die Garantiehaftung des Vermieters nach § 538 Abs. 1 (1. Alt.) auf die Mängel zu beschränken, die der Vermieter bei Anwendung äußerster Sorgfalt hätte erkennen können[115]. Damit wird die Haftung des Vermieters für anfängliche Mängel entgegen dem eindeutigen Wortlaut des Gesetzes und dem erklärten Willen des Gesetzgebers[116] von einem Verschulden

---
[112] a.a.O.
[113] Mot. II, S. 229.
[114] Zutreffend *Larenz*, SchR II § 41 II (S. 53); gegen Diederichsen auch *Todt*, Schadensersatzansprüche, S. 158 f.
[115] *Diederichsen*, AcP 165, 168; *Larenz*, SchR II § 44 III b 3 (S. 146 f.); *Fikentscher*, SchR § 74 II 6 a; *Thiele*, JZ 1967, 649 (655).
[116] Vgl. Mugdan II, S. 48.

abhängig gemacht[117]. Der Maßstab äußerster Sorgfalt ist dem BGB zudem fremd[118]. Er ist auch unpraktikabel, weil sich stets ein noch sorgfältigerer Vermieter denken läßt[119].

Zutreffender erscheint hier der Vorschlag von *Eike Schmidt*[120] und *Esser*[121], die für die Bestimmung des Haftungsumfanges auf den jeweiligen Gebrauchszweck abstellen und prüfen, inwieweit danach die Schutzinteressen des Mieters mit in den Vertrag einbezogen worden sind. Bedingt der vertragsgemäße Gebrauch, wie etwa bei einer Wohnung, den ständigen Kontakt mit Menschen, so bezieht sich auch das Interesse an einer ordnungsgemäßen Erfüllung auf den Schutz vor nachteiligen Einwirkungen auf Körper und Gesundheit, die auf dem mangelhaften Zustand des Mietobjekts beruhen. Ist der Mangel schon bei Vertragsschluß vorhanden, haftet der Vermieter für derartige Schäden gem. § 538 Abs. 1 auch dann, wenn ihn kein Verschulden trifft.

Anders ist die Lage etwa bei einer Hauswand, die zu Werbezwecken vermietet wird. Der Werbewert wird nicht tangiert, wenn die Wand brüchig ist und sich aus der Wand ein Stein löst, der dem Mieter oder einem Passanten auf den Kopf fällt. Die Sicherheit liegt hier außerhalb des Vertragszwecks, ihre Beeinträchtigung wird daher auch nicht von der Garantiehaftung nach § 538 Abs. 1, 1. Alt., erfaßt, sondern von der verschuldensabhängigen Haftung aus positiver Vertragsverletzung[122].

Zu eng ist es schließlich, wenn *Diederichsen* den Schutzzweck des § 635 nur darin sieht, dem Besteller einen Ausgleich für die Minderwertigkeit des Werks oder die Nichtausführung des Vertrages zu gewähren, je nachdem, ob der Besteller das mangelhafte Werk behält oder als nicht leistungsgerecht zurückweist[123]. Der Schadensersatzanspruch wegen Nichterfüllung nach § 635 stellt nicht lediglich ein Surrogat für das mangelhafte Werk dar, sondern dient dem Ersatz des Interesses, das der Besteller an der Erfüllung des Vertrages hat[124]. Dieses erschöpft sich nicht darin, das Werk als solches zu besitzen. Das Werk soll dem Besteller vielmehr einen bestimmten Nutzen verschaffen. Der Schadensersatzanspruch wegen Nichterfüllung umfaßt daher außer dem Minderwert auch alle Schäden, die der Besteller dadurch

---

[117] Ablehnend aus diesem Grunde auch *Brox*, Bes. SchR Rz. 170; *Todt*, Schadensersatzansprüche, S. 165; BGH NJW 1971, 424 (425/426).
[118] *Esser*, SBT § 70, 2 c (S. 106 Fn. 5).
[119] *Hoffmann*, NJW 1967, 50.
[120] Nachwort, S. 161 f.
[121] SBT § 70, 2 c.
[122] *Eike Schmidt* a.a.O.; vgl. zur Abgrenzung im einzelnen die Ausführungen in Kap. D III.
[123] *Diederichsen*, AcP 165, 150 (163).
[124] Vgl. Kap. C II 1.

erleidet, daß er das Werk infolge der Mangelhaftigkeit nicht in der vorgesehenen Weise nutzen kann[125].

Entscheidend ist der jeweilige Verwendungszweck. Dient das Werk, wie etwa bei der Reparatur eines undichten Daches, gerade dazu, einen Schaden an den Rechtsgütern des Bestellers zu vermeiden, so hat der Unternehmer nach § 635 auch für derartige Schäden einzustehen, da sich das Erfüllungsinteresse des Bestellers in diesem Fall auch auf den Schutz vor Schäden an seinen Rechtsgütern bezieht[126]. Entgegen der Ansicht von *Eike Schmidt*[127] kommt es dabei nicht darauf an, ob die Vertragsparteien den Schaden vorhersehen konnten oder ob der eingetretene Schaden die typische Folge des Mangels ist. Typisch ist etwa auch der Personen- oder Sachschaden, der bei einem Beförderungsunfall entsteht. Die Beschädigung des Gutes oder die Verletzung von Körper und Gesundheit stellt hier regelmäßig überhaupt den einzig meßbaren Schaden dar. Gleichwohl fällt dieser Schaden, wie bereits das Reichsgericht[128] zutreffend erkannt hat, nicht unter § 635. Der Grund liegt darin, daß sich das positive Interesse des Bestellers an der Beförderung darin erschöpft, daß er oder das beförderte Gut an ein bestimmtes Ziel gelangt. Zweck der Beförderungsleistung ist nicht der Schutz vor Schäden an Körper, Gesundheit oder Eigentum. Der Schutz dieser Rechtsgüter ist Gegenstand einer Nebenpflicht, die den Unternehmer neben der Erfüllungspflicht trifft. Für deren Verletzung haftet er nicht aus § 635, sondern aus dem Gesichtspunkt einer positiven Vertragsverletzung[129].

4. Zusammenfassung

Weder die Versuche, den Umfang der Schadensersatzansprüche wegen Nichterfüllung nach §§ 463, 480 Abs. 2, 538, 635 auf den Ersatz bestimmter unmittelbarer Schäden, den Mangelschaden oder den eigentlichen Nichterfüllungsschaden zu beschränken, noch die Auffassung, der Schadensersatz umfasse jeden mit der Mangelhaftigkeit der Leistung zusammenhängenden Schaden, vermögen zu überzeugen.

Beide Auffassungen sind zu starr und werden nicht den unterschiedlichen Interessen gerecht, die hinter dem Abschluß eines Vertrages stehen. Zutreffend erscheint zunächst der Ansatzpunkt von Diederichsen, den Umfang der Schadensersatzhaftung für das Fehlen einer zugesicherten Eigenschaft gem. § 463 S. 1 nach dem jeweiligen

---

[125] Ähnlich *Schubert*, JR 1975, 179 (183).
[126] Vgl. *Eike Schmidt*, Nachwort, S. 163; *Schubert*, JR 1975, 183 Fn. 33.
[127] a.a.O.
[128] Vgl. RGZ 62, 119; 66, 12; 109, 195.
[129] Vgl. im einzelnen Kap. F II 3.

Schutzzweck der Zusicherung zu bestimmen. In die richtige Richtung geht auch der Vorschlag von Eike Schmidt, den Umfang der Schadensersatzhaftung wegen Nichterfüllung vom Inhalt der jeweiligen Leistungspflicht und dem daran anknüpfenden Vertragsinteresse des Käufers, Mieters oder Bestellers abhängig zu machen. Diese differenzierte Betrachtungsweise bedarf jedoch einer näheren Präzisierung. Vor allem gilt es, sie in das allgemeine Schadensersatzrecht einzuordnen.

C. Grundlagen der Schadensberechnung

I. Die Bestimmung des Schadensersatzes im allgemeinen

1. Das Interesse als Ausgangspunkt der Schadensberechnung

Schadensersatz bedeutet Leistung des Interesses[1]. Darüber, wie das Interesse und damit der Umfang eines Schadensersatzanspruches zu ermitteln ist, besteht keine Einigkeit. Die auf *Friedrich Mommsen*[2] zurückgehende h. L.[3] vergleicht die Vermögens- und Güterlage des Geschädigten, wie sie ohne das Schadensereignis hypothetisch bestünde, mit derjenigen, wie sie tatsächlich auf Grund des Schadensereignisses besteht. Die Differenz macht den Schaden aus und ist durch die Schadensersatzleistung auszugleichen.

Diese Methode der Schadensermittlung hat sich in vieler Hinsicht als korrekturbedürftig erwiesen. Als Stichworte seien hier das Problem der Vorteilsanrechnung und die Frage der Berücksichtigung hypothetischer Schadensursachen genannt[4]. Es hat daher nicht an Versuchen gefehlt, nach einem anderen Ansatzpunkt zu suchen.

Neuner[5] hat etwa vorgeschlagen, den Schadensersatz objektiv nach dem Verkehrswert der einzelnen Vermögensgüter, die durch das Schadensereignis betroffen werden, zu bestimmen. Dies ist jedoch in doppelter Hinsicht zu eng. Zum einen erschöpft sich der Schaden bei Beschädigung oder Verlust eines Gutes nicht auf die objektive Werteinbuße, sondern umfaßt auch die Einbuße an individuellem Nutzen, der für den Geschädigten mit dem Besitz des Gutes verbunden ist. Zum anderen gewährt das BGB nicht nur Ersatz für die Beschädigung oder den Verlust eines Gutes, sondern auch für reine Vermögensschäden. Neuner sieht sich in diesen Fällen gezwungen, doch wieder auf die Differenzschadensberechnung zurückzugreifen.

Larenz[6] versucht einen Teil der Probleme, die mit der Differenzschadensermittlung verbunden sind, dadurch zu lösen, daß er zwischen

---

[1] Vgl. *Enneccerus / Lehmann*, SchR § 14 I; *Fikentscher*, SchR § 55 I; *Keuk*, S. 52.
[2] Zur Lehre vom Interesse, 1855, S. 3, 11 und passim.
[3] Vgl. Nachweise Kap. B Fn. 101; weitere Nachweise bei *Neuwald*, Der zivilrechtliche Schadensbegriff, Diss. München 1968, S. 7 Fn. 1.
[4] Vgl. dazu im einzelnen Kap. C I 2.
[5] AcP 133, 277 (290).
[6] SchR I § 27 II 3.

dem unmittelbaren Schaden (Objektsschaden) an einem bestimmten Gut und dem durch die Beschädigung entstandenen weiteren Schaden im Gesamtvermögen (Vermögensfolgeschaden) unterscheidet. Hypothetische Schadensursachen sollen etwa nur beim Ersatz des Vermögensfolgeschadens berücksichtigt werden[7]. Den Objektschaden will Larenz jeweils unabhängig vom Ergebnis der Differenzrechnung ersetzen. Die Differenzrechnung spielt nach seiner Auffassung nur dort eine Rolle, wo es um den Ersatz eines Vermögensfolgeschadens oder wie etwa im Bereich des Verzugsschadens oder des Schadensersatzanspruches wegen Nichterfüllung um den Ersatz reiner Vermögensschäden geht. Auch Larenz kann also auf die Differenzschadensberechnung nicht ganz verzichten. Wie Neuner spaltet er den Schadensbegriff auf. Die Objektsschadenslehre bietet zwar einen denkbaren Ansatzpunkt zur Lösung spezieller Schadensfragen wie der Berücksichtigung hypothetischer Schadensursachen, als allgemeine Schadenstheorie ist sie jedoch wenig ergiebig.

Der zutreffende Ansatzpunkt für die Schadensberechnung dürfte in einer *funktionalen Betrachtungsweise* liegen, die auf das Interesse abstellt, das der Ersatzberechtigte nach seinen Lebensumständen und nach den getroffenen Dispositionen an der Erfüllung der vertraglichen Pflichten oder der Integrität seiner Rechtsgüter hat oder das durch die Aufstellung bestimmter Verhaltensnormen verwirklicht werden soll. Die einzelnen Rechte und Güter erfüllen im Vermögen des Ersatzberechtigten jeweils bestimmte Funktionen. Der Schaden besteht in der Beeinträchtigung dieser funktionalen Wertbeziehung[8]. Der Schadensersatzanspruch dient der Wiedergutmachung des erlittenen Schadens. Dies kann je nach der Art des Schadens durch Herstellung des verletzten Gutes oder durch Zahlung einer Geldsumme geschehen.

2. Die funktionale Schadensberechnung im einzelnen

a) Vorteilsanrechnung

Eine funktionale Schadensbetrachtung, wie sie hier vorgeschlagen wird, ist in ihrem Ansatzpunkt erheblich genauer als die auf das Gesamtvermögen und seine Veränderungen schauende Betrachtungsweise der Differenztheorie. Die Vorteile zeigen sich etwa beim Problem der Vorteilsanrechnung. Nach der Differenztheorie müßte an sich jeder infolge des Schadensereignisses erlangte Vorteil bei der Schadensbe-

---
[7] Vgl. SchR I § 30 I.
[8] Vgl. *Mertens*, S. 156 ff., 158 (Fn. 156); *Keuk*, S. 53 ff.; *Möller*, S. 30; *Baur*, Festschrift für L. Raiser, S. 119 (130); ähnlich auch *Zeuner*, AcP 163, 380 (394 ff.), der auf den jeweiligen durch das Schadensereignis ausgelösten Bedarf abstellt und diesen nach der individuellen Lebensgestaltung des Betroffenen bestimmt.

I. Das Interesse

rechnung berücksichtigt werden. Dies würde dazu führen, daß dem Schädiger auch solche Vorteile zugute kommen würden, die in keinen unmittelbaren Zusammenhang mit dem Schadensereignis stehen und etwa von dritter Seite dem Geschädigten auf Grund einer gesetzlichen oder vertraglichen Verpflichtung zufließen. Die h. L. sieht sich hier zu einer normativen Korrektur der Differenzschadensberechnung gezwungen. Welche Vorteile in die Schadensberechnung einbezogen werden, wird von einer Wertung der Interessenlage des Einzelfalls abhängig gemacht[9].

Geht man von einer funktionalen Schadensbetrachtung aus und stellt auf das einzelne Gut und seine Funktionen im Vermögen des Betroffenen ab, so ergibt sich von alleine, daß nicht jeder Vorteil auf den Schadensersatzanspruch anzurechnen ist. Dazu bedarf es vielmehr einer besonderen Begründung. Diese kann — entsprechend der Bestimmung des Schadens — nur aus der Funktion des konkreten Gutes für das Vermögen des Betroffenen gewonnen werden.

Den Vorteilen, die mit dem Erhalt oder Erwerb eines Gutes verbunden sind, stehen häufig auch gewisse Nachteile gegenüber. Gesund zu sein, heißt etwa auch, Kosten für Verpflegung und den sonstigen Lebensunterhalt zu haben. Diese Belastungen fallen teilweise weg, wenn eine Gesundheitsverletzung einen Krankenhausaufenthalt erforderlich macht. Die Ersparnis von derartigen Aufwendungen beruht gerade auf der Verletzung und hängt funktionell mit dieser zusammen[10]. Dies rechtfertigt es, hier eine Vorteilsanrechnung zuzulassen[11]. Entsprechendes gilt etwa für folgende Fälle: Infolge der Zerstörung eines Hauses wird der bestehende Denkmalschutz aufgehoben; dadurch steigt der Grundstückswert[12]. Oder ein Jockey überanstrengt das ihm anvertraute Pferd; er gewinnt das Rennen und der Eigentümer kommt in den Genuß der Siegprämie[13]. Auch hier ist der Vorteil gleichsam die Kehrseite des Schadens.

Anders ist zu entscheiden, wenn der Vorteil die zufällige Folge des Schadenseintritts ist, wie in dem von Larenz[14] gebildeten Fall, daß

---

[9] Vgl. *Palandt / Heinrichs*, Vorb v § 249 Anm. 7 a; *Thiele*, AcP 167, 193 (195); *Larenz*, SchR I § 30 II; weiter BGHZ 8, 326 (329); 10, 107 (108); 30, 29 (33); 49, 56 (62); 55, 329 (332); 58, 14 (18). Danach muß die Vorteilsanrechnung dem Zweck des Schadensersatzes entsprechen und darf den Schädiger nicht unbillig entlasten.
[10] *Thiele*, AcP 167, 193 (201), spricht hier von einem unlösbaren inneren Zusammenhang unter dem Aspekt der Schadensberechnung.
[11] Ebenso *Thiele*, AcP 167, S. 209; *Esser* SAT § 48 I 3; *Larenz*, SchR I § 30 II; *Zeuner*, Gedächtnisschrift für Dietz, S. 99 (104).
[12] Beispiel von *Thiele*, AcP 167, S. 207.
[13] Beispiel von *Heck*, SchR § 15, 2.
[14] SchR § 30 II a.

Möbelpacker beim Transport einen Schreibtisch fallen lassen und dabei ein Geheimfach aufspringt, das einen bisher nicht entdeckten Schatz verbirgt[15]. Der Vorteil steht hier nur in einem äußeren Zusammenhang mit dem Schadensereignis. Sein Erwerb hängt nicht notwendig mit der Beschädigung zusammen. Er hätte dem Eigentümer auch dann zugestanden, wenn der Schatz aus einem anderen Anlaß ohne Beschädigung des Schreibtisches entdeckt worden wäre. Der beim Schaden geltende Satz „casum sentit dominus" gilt hier entsprechend[16].

Nicht anrechenbar sind ferner die Vorteile, die der Geschädigte auf Grund Gesetzes oder Vertrages von Dritten erhält[17]. Die Verletzung ist hier anders als etwa bei den ersparten Aufwendungen für die Lebensführung nur die Voraussetzung zur Erlangung dieser Vorteile, nicht deren causa. Sie liegen außerhalb der Vermögensfunktion, die das betroffene Gut für den Ersatzberechtigten hat und bleiben daher bei der Schadensberechnung außer Betracht[18]. Entsprechendes gilt für schadenskompensierende Maßnahmen des Geschädigten selber[19]. Sie beruhen auf der autonomen Entscheidung des Geschädigten, die dieser unabhängig von der Schadensersatzverpflichtung des Schädigers trifft und sind keine funktionell notwendige Folge der eingetretenen Verletzung[20].

b) Hypothetische Kausalität

Auch bei der Frage, welche hypothetischen Schadensursachen bei der Schadensberechnung zu berücksichtigen sind, ist eine funktionsbezogene Einzelschadensbetrachtung dem summarischen Vergleich zweier Vermögenslagen nach der Differenztheorie überlegen. Bei konsequenter Durchführung der Differenzrechnung müßte an sich jede hypothetische Ursache, die die Vermögensentwicklung beeinflußt und den Schaden

---

[15] Vgl. für gleichgelagerte Fälle *Thiele*, AcP 167, S. 198; *Zeuner* AcP 163, 380 (386); a. A. *Larenz*, a.a.O.; *Cantzler*, AcP 156, 29 (55).
[16] Vgl. *Thiele*, AcP 167, S. 198.
[17] Vgl. *Palandt / Heinrichs*, Vorb v § 249 Anm. 7 c m. w. N.; *Medicus*, BürgR § 33 VI; BGHZ 21, 112; 43, 378 für die Lohnfortzahlung im Krankheitsfall; BGHZ 49, 56 für die Vornahme schuldhaft unterlassener Schönheitsreparaturen durch den Nachmieter; zur Problematik grundsätzlich *Selb*, Schadensbegriff und Regreßmethoden (1963).
[18] *Zeuner*, Gedächtnisschrift für Dietz, S. 99 (106), spricht hier von einem gegenüber der Schadenssphäre selbständigen Eigen- oder Innenbereich des Verletzten.
[19] Vgl. *Palandt / Heinrichs*, Vorb v § 249 Anm. 7 b; *Zeuner*, Gedächtnisschrift für Dietz, S. 99 (106, 111); BAG NJW 1968, 821 (Artzthelferin); BGH NJW 1971, 836 (Fahrschulwagen).
[20] Eine Minderung des Schadensersatzanspruchs kommt hier nur dem Aspekt in Betracht, daß der Geschädigte für den Schaden mitverantwortlich ist, weil er es unterlassen hat, den Schaden abzuwenden oder zu mindern (§ 254 Abs. 2 Satz 1). Vgl. BGH NJW 1971, 836.

später gleichfalls ganz oder teilweise herbeigeführt hätte, in die Schadensberechnung einbezogen werden.

Es besteht Einigkeit darüber, daß dies zu weit geht. Die h. L. sieht sich auch hier zu einer wertenden Korrektur der Differenzschadensberechnung gezwungen. Sie will hypothetische Schadensursachen bei Objektschäden (Beispiel: Der Schaden an einer Fensterscheibe) nur zulassen, wenn zum Zeitpunkt des Schadensereignisses bereits eine Schadensanlage vorhanden war[21] oder das verletzte Objekt bereits von einer Gefahr bedroht war[22], im übrigen nur bei der Berechnung des entgangenen Gewinns und dem Ausfall ähnlicher in der Zukunft liegender Vorteile[23].

Vom Standpunkt einer auf das einzelne Gut und seinen Wert für den Berechtigten abstellenden Betrachtungsweise ist dies einleuchtend zu erklären: Die Schadensanlage oder die konkrete Schadensgefahr setzt den Wert des betroffenen Gutes für den Verletzten bereits zum Zeitpunkt des Schadensereignisses herab und beeinträchtigt dessen Nützlichkeit. Ein krankes, von Erblindung bedrohtes Auge ist funktionell nicht so viel wert wie ein gesundes. Daher haftet ein Arzt, der das Auge operiert und dadurch die Erblindung verursacht, auch nur für den vorzeitigen Verlust des Augenlichts und der damit verbundenen Vermögensnachteile[24]. Demgegenüber ist der Wert einer Fensterscheibe durch die hypothetische Möglichkeit einer späteren Explosion noch nicht gemindert. Der Schädiger hat daher bei Zerstörung der Fensterscheibe auch deren vollen Wert zu ersetzen, unabhängig davon, ob die Explosion die Scheibe mit Sicherheit gleichfalls zerstört hätte[25].

Die Verwirklichung einer in der Zukunft liegenden Gewinn- oder Erwerbschance ist von vornherein mit einem gewissen Unsicherheitsrisiko belastet. Es können noch Umstände eintreten, die eine Realisierung verhindern. Die Schadensentwicklung ist anders als bei den Objekt-

---

[21] Vgl. BGHZ 29, 204 (215); JZ 1959, 773; *Larenz*, SchR I § 30 I; *Fikentscher*, SchR § 55 IV 4 a; *Palandt / Heinrichs*, Vorb v § 249 Anm. 5 f aa; dort auch weitere Nachweise.
[22] Vgl. etwa den Schleusenfall RGZ 156, 187. Dort wurden Grundstücke von einer Überschwemmung bedroht, weil der schützende Damm zu brechen drohte; der Schädiger hatte zur Verhinderung des Dammbruchs die Schleusen geöffnet und wurde daraufhin von den Grundstückseigentümern auf Schadensersatz in Anspruch genommen. *von Caemmerer* (Überholende Kausalität S. 26) will weitergehend als die h. L. bei Objektschäden jede hypothetische Schadensursache berücksichtigen, soweit sie mit Sicherheit den Schaden gleichfalls herbeigeführt hätte.
[23] Vgl. BGHZ 10, 6 (11); 29, 207 (215); *Fikentscher*, SchR § 55 IV 4 a; *von Caemmerer*, a.a.O., S. 26.
[24] Vgl. BGH JZ 1959, 773; *Fikentscher*, SchR § 55 IV 4 a.
[25] a. A. insoweit *von Caemmerer*. a.a.O.; wie hier *Larenz*, SchR I § 30 I; *Esser* SAT § 46 III; *Fikentscher*, SchR § 55 IV 4 a; *Medicus*, BürgR, § 33 V 2 d.

schäden noch in der Schwebe. Dies hindert den Ersatzgläubiger zwar nach § 252 Satz 2 nicht, bereits jetzt einen Schadensersatzanspruch auch bezüglich des hypothetisch entgangenen Gewinns geltend zu machen, soweit er nachweisen kann, daß er den Gewinn nach dem gewöhnlichen Lauf der Dinge oder den besonderen Zuständen erwarten konnte. Er erlangt dadurch aber keine krisenfeste Position[26]. Das Risiko, das er auch sonst zu tragen gehabt hätte, wird ihm durch das Schadensereignis nicht abgenommen[27].

c) Rechtmäßiges Alternativverhalten

Eine funktionale Betrachtungsweise läßt auch die Problematik des sog. rechtmäßigen Alternativverhaltens in einem anderen Licht erscheinen. Hier geht es darum, daß sich der Schädiger darauf beruft, der Schaden wäre auch dann eingetreten, wenn er sich rechtmäßig verhalten hätte. Er leugnet damit einen funktionellen Zusammenhang zwischen der begangenen Pflichtverletzung und dem eingetretenen Schaden. Inwieweit dieser Einwand durchgreift, hängt von dem Nutzen ab, den ein rechtmäßiges Verhalten für den Ersatzberechtigten gehabt hätte[28]. Wäre durch ein pflichtmäßiges Verhalten der Schadenseintritt möglicherweise verhindert worden, so scheidet eine Berufung auf ein rechtmäßiges Alternativverhalten aus.

So lag der Sachverhalt in der viel diskutierten Entscheidung des BAG zum Metallarbeiterstreik in Schleswig-Holstein[29]. Die Gewerkschaft hatte den Ablauf der tarifvertraglichen Friedenspflicht nicht abgewartet und den Streik fünf Tage zu früh begonnen. Der Streik dauerte dann mehrere Monate. Da die Friedenspflicht gerade dazu dient, Verhandlungen zu ermöglichen und einen Streik zu verhindern, umfaßt der Schadensersatzanspruch den gesamten Streikschaden und nicht nur den Produktionsausfall während der ersten fünf Tage[30].

---

[26] Treffend BGHZ 10, 6 (11).
[27] Nach BGHZ 29, 393 (398) handelt es sich bei § 252 S. 2 um eine Vermutung, die der Ersatzschuldner jederzeit durch den Nachweis widerlegen kann, daß der Gewinn vom Ersatzgläubiger nicht erzielt worden wäre.
[28] Ähnlich *von Caemmerer*, Überholende Kausalität, S. 31 ff.; *Esser*, SAT § 46 IV 2; *Medicus*, BürgR, § 33 V 3, die auf den Schutzwzeck der verletzten Pflicht abstellen. Vgl. zur Verwandtschaft einer funktionalen Schadensauffassung mit der Lehre vom Schutzwzeck der Norm Kap. C I 3.
[29] BAGE 6, 321 ff.
[30] So im Ergebnis auch das BAGE 6, 321; zustimmend *Larenz*, NJW 1959, 865 (866) und *von Caemmerer*, Überholende Kausalität, S. 33 f., die zutreffend auf die Funktion der Friedenspflicht hinweisen; im gleichen Sinne auch *Medicus*, BürgR, § 33 V 3; a. A. *Hanau*, Kausalität der Pflichtwidrigkeit, S. 152 f.

I. Das Interesse

Demgegenüber besteht der Nutzen von Kündigungsfristen nur darin, den Arbeitgeber vor einem plötzlichen Arbeitsausfall zu schützen. Verläßt ein Arbeitnehmer seinen Arbeitsplatz, so kann der Arbeitgeber entgangenen Gewinn nur bis zu dem Zeitpunkt verlangen, in dem eine fristgemäße Kündigung wirksam geworden wäre. Ob er darüber hinaus einen Anspruch auf Erstattung der Kosten für ein Zeitungsinserat hat, mit dem eine Ersatzkraft angeworben werden soll[31], läßt sich nur nach den Umständen des Einzelfalls beantworten. Es kann sein, daß eine Ersatzkraft nur über ein Inserat zu finden ist. Dann wären die Inseratkosten auch bei einer ordnungsgemäßen Kündigung angefallen. Sie berühren daher auch nicht das Interesse, das der Arbeitgeber an der Einhaltung der Kündigungsfrist hat[32]. Es ist aber auch denkbar, daß gerade der plötzliche Ausfall dazu zwingt, ein Inserat aufzugeben, während bei Einhaltung der Kündigungsfrist rechtzeitig auf andere Weise ein Ersatz hätte gefunden werden können[33]. In diesem Fall ist die Einhaltung der Kündigungsfrist für den Arbeitgeber mit dem Nutzen verbunden, daß er Aufwendungen für ein Inserat erspart. Die Kosten sind dann von dem vertragsbrüchigen Arbeitnehmer zu ersetzen.

3. Einordnung der Schutzzwecklehre

Ergänzt wird die hier vertretene Schadensauffassung durch die Lehre vom Schutzzweck der Norm[34]. Grundgedanke dieser auf Ernst *Rabel*[35] zurückgehenden und durch *von Caemmerer*[36] wiederbelebten Lehre ist, daß jede gesetzliche oder vertragliche Pflicht der Verwirklichung bestimmter Interessen dient. Dem Schädiger sollen nur solche Schäden zugerechnet werden, die das geschützte Interesse betreffen[37]. Welches die geschützten Interessen sind, soll aus dem Sinn und Zweck der die Haftung begründenden Norm bzw. dem Sinn und Zweck des jeweiligen Vertrages im Wege der Auslegung ermittelt werden. Die Normzwecklehre wird dabei als Korrektiv der Adäquanztheorie aufgefaßt. An die Stelle der verallgemeinernden, auf die Wahrscheinlichkeit des Schadens und auf die Erhöhung der Schadensgefahr abstellenden Betrachtungs-

---

[31] So BAG NJW 1970, 1469; differenzierend BAG NJW 1976, 644.
[32] Vgl. *Medicus*, BürgR, § 33 V 3.
[33] Dies wird von Medicus nicht hinreichend berücksichtigt.
[34] Vgl. *von Caemmerer*, Das Problem des Kausalzusammenhangs im Zivilrecht (1956) = Ges.Schr. I S. 395 ff.; *Lange*, Gutachten für den 43. Dt. Juristentag (1960); *Huber*, JZ 1969, 677 ff. und Festschrift für Wahl, S. 301 ff.; *Esser* SAT § 45 I; *Fikentscher*, SchR § 49 III 3; *Blomeyer*, SchR § 32 III 2; BGHZ 27, 137; NJW 1968, 2287 = JZ 1969, 702; NJW 1971, 459; 1972, 36 = BGHZ 57, 137; NJW 1972, 904; weitere Nachweise bei Huber, JZ 1969, 677.
[35] Warenkauf I S. 495 ff.
[36] a.a.O. (Fn. 34).
[37] *Rabel*, S. 497.

weise der Adäquanztheorie[38] soll eine individualisierende, am konkreten Vertrags- oder Normzweck ausgerichtete Betrachtungsweise treten[39].

Hierin zeigt sich eine Parallele zur Funktionsschadenslehre, die ihrerseits bei der Bestimmung des Schadens von einer individuellen, am konkreten Gut oder Anspruch orientierten funktionalen Betrachtungsweise ausgeht und so die Nachteile der Differenztheorie zu überwinden sucht.

Zentraler Begriff ist bei beiden Auffassungen das „Interesse". Die Schutzzwecklehre versteht darunter das Ziel, das mit der Erfüllung einer vertraglichen Verpflichtung oder der Aufstellung einer Verhaltensnorm und der an ihre Stelle tretenden Ersatzverpflichtung erreicht werden soll[40], die Funktionsschadenslehre den Nutzen, der damit für den Ersatzberechtigten verbunden ist[41]. Jeweils besteht eine funktionale Verknüpfung zwischen dem Interesse einerseits und der gesetzlichen oder vertraglichen Verpflichtung und der Ersatznorm andererseits. Lediglich der Blickwinkel ist ein anderer. Die Funktionsschadenslehre stellt auf die Person des Ersatzberechtigten ab, die Schutzzwecklehre auf die gesetzgeberische Funktion der jeweiligen Vorschrift. Die eine Betrachtungsweise ist subjektiv, die andere normativ.

Beide Auffassungen bedingen einander. Die Funktionsschadenslehre sagt etwas über den Schaden aus und die Art seiner Berechnung. Die Schutzzweckanalyse gibt das Interesse an, das im Wege des Schadensersatzanspruches ersatzweise verwirklicht werden soll und begrenzt den Umfang der aus einer bestimmten Ersatznorm zu ersetzenden Schäden[42].

Dies gilt es im folgenden näher dazulegen.

---

[38] Vgl. zu den verschiedenen Formulierungen *Palandt / Heinrichs*, Vorb vor § 249 Anm. 5 b aa; *Esser*, SAT § 44 III; *Friese*, S. 20 ff.

[39] Dabei ist umstritten, ob die Normzwecklehre die Adäquanztheorie ersetzen oder nur ergänzen soll. Für die erste Auffassung haben sich *von Caemmerer*, a.a.O. (Fn. 36), S. 18, *Lange*, Gutachten, S. 59; *Huber*, Festschrift für Wahl, S. 331; ders., JZ 1969, 677 (679), und *Blomeyer*, SchR § 32 III 3, ausgesprochen, für die zweite insbesondere BGH NJW 1968, 2287; NJW 1971, 459; NJW 1972, 36; NJW 1972, 904; ferner *Esser*, SAT § 45 I; *Fikentscher*, SchR § 49 III 3.

[40] Vgl. *Lange*, Gutachten, S. 50, der darauf abstellt, ob man sich die verletzte Pflicht bei vernünftiger Betrachtungsweise auch mit Rücksicht auf die eingetretenen Folgen aufgestellt denken könne.

[41] Vgl. Kap. C I 1 a. E.

[42] Ähnlich *Keuk* S. 250 ff.

II. Die verschiedenen Interessen und ihr gesetzlicher Schutz

1. Das positive Interesse

a) §§ 280, 286 Abs. 2, 325, 326

Gewährt das Gesetz dem Gläubiger wie in §§ 280, 286 Abs., 325, 326 einen Schadensersatzanspruch wegen Nichterfüllung, so soll das positive Interesse des Gläubigers an der Erfüllung des Vertrages geschützt werden[43]. Der Umfang des jeweiligen Erfüllungsinteresses hängt individuell von dem Nutzen ab, der für den Gläubiger mit der Erfüllung des Vertrages verbunden ist[44]. Dieser Nutzen kann einmal in dem Wertzuwachs bestehen, den das Vermögen durch den Erwerb des Gutes erfährt, zum anderen in der vorgesehenen Nutzung[45]. Der Gläubiger verfolgt mit dem Erwerb bestimmte Zwecke. Er will das Gut in irgendeiner Weise verwenden, er will es weiterveräußern, vermieten oder zum Schutz anderer Rechtsgüter einsetzen[46]. Die Verwirklichung dieser Ziele macht sein Interesse an der Erfüllung des Vertrages aus. Entscheidend ist jeweils die Funktion, die das Gut für das Vermögen des Gläubigers hat. Diese Funktion kann nicht generell bestimmt werden, sondern nur individuell nach der Art der Leistung, dem vorgesehenen Verwendungszweck und den getroffenen Dispositionen[47]. Entsprechendes gilt für den Schadensersatzanspruch wegen Nichterfüllung, der an die Stelle des Erfüllungsanspruchs tritt, wenn die Leistung ausbleibt[48]. Er stellt einen Ausgleich dafür dar, daß der Gläubiger durch das Ausbleiben der Leistung nicht den Nutzen erlangt, der für ihn mit der Erfüllung des Vertrages verbunden gewesen wäre[49].

b) §§ 463, 480 Abs. 2, 538, 635

Um den Schutz des positiven Interesses geht es auch bei den Schadensersatzansprüchen wegen Nichterfüllung nach §§ 463, 480 Abs. 2, 538, 635. Die Bezugspunkte des Interesses sind hier jedoch teilweise andere als bei den Schadensersatzansprüchen wegen quantitativer

---

[43] Vgl. *Palandt / Heinrichs*, Vorb v § 249 Anm. 2 g.
[44] So bereits *Rabel*, Warenkauf I, S. 495 ff.
[45] Vgl. *Neuner*, AcP 133, 277 (290 ff.), der zwischen dem objektiven Wert des entzogenen Gutes und dem darüber hinausgehenden (subjektiven) Vermögenswert unterscheidet.
[46] Vgl. zu letzterem *Köpcke* S. 35 und das dort erwähnte Beispiel, daß der Käufer Reisig zum Schutz seiner Rosen bestellt.
[47] Vgl. auch *Rabel*, S. 509.
[48] Vgl. dazu *Soergel / R. Schmidt*, § 249 Rz. 6; *Pieper*, JuS 1962, 409 (410).
[49] Vgl. *Rabel*, S. 495 ff.; ähnlich *Larenz*, SchR I § 27 III b 2, der auf die jeweiligen vermögensrechtlichen Interessen abstellt, deren Befriedigung die Leistungspflicht dient.

Nichterfüllung[50]. So knüpft die Haftung nach § 463 S. 1 nicht an die unterbliebene Erfüllung, sondern an das Fehlen einer zugesicherten Eigenschaft an. Geschützt ist das Interesse am Vorliegen bestimmter Eigenschaften. § 538 schützt das Gebrauchsinteresse des Mieters, § 635 das Interesse des Bestellers an der Herstellung des Werks. Der Umfang des Schadensersatzanspruches wegen Nichterfüllung läßt sich auch hier nicht generell bestimmen, sondern nur unter Berücksichtigung der individuellen Interessen, die mit einer Zusicherung, dem Gebrauch einer Sache oder der Herstellung eines Werks verbunden sind[51].

2. Das negative Vertragsinteresse

a) §§ 122, 179 Abs. 2, 307, 309, c.i.c.

Der Abschluß eines Vertrages oder das Vertrauen auf sein Zustandekommen kann für den Gläubiger auch Nachteile mit sich bringen. Ihm entstehen durch den Vertragsschluß Unkosten; Investitionen sind erforderlich, ein anderer, günstigerer Vertragsschluß wird unterlassen. Oder der Vertrag ist insgesamt nachteilig, weil der Gläubiger mit der Leistung nichts anfangen kann oder Leistung und Gegenleistung objektiv in einem Mißverhältnis zueinander stehen. Verlangt der Gläubiger Ersatz derartiger, auf dem Vertragsschluß beruhender Schäden, macht er sein negatives Vertragsinteresse geltend. Er will nicht so gestellt werden, wie er bei Erfüllung des Vertrages stünde, sondern er begehrt gerade umgekehrt wertmäßige Herstellung des status quo ohne den geschlossenen Vertrag. Das BGB berücksichtigt dieses Interesse etwa in den §§ 122, 179 Abs. 2, 307, 309 bei der Nichtigkeit oder Unwirksamkeit eines Vertrages. Der Gläubiger soll hier in seinem Vertrauen auf die Wirksamkeit oder Gültigkeit eines Vertrages und die im Hinblick darauf vorgenommenen Dispositionen geschützt werden[52]. Entsprechendes gilt für die Ansprüche aus culpa in contrahendo (c.i.c.), soweit die Pflichtverletzung darin besteht, einen nichtigen Vertragsschluß veranlaßt[53] oder das Vertrauen erweckt zu haben, der Vertrag werde mit Sicherheit zustandekommen[54].

---

[50] Vgl. im einzelnen Kap. D.
[51] Vgl. im einzelnen Kap. D.
[52] Vgl. *Canaris*, Vertrauenshaftung, § 43 III u. IV (S. 540); *Keuk*, S. 157 ff.; *Beuthien*, Zweckerreichung und Zweckstörung im Schuldverhältnis, S. 91 ff.
[53] Es geht hier vor allem um die Fälle verschuldeter Formnichtigkeit. Vgl. dazu BGH BB 1955, 429; NJW 1965, 812; *Reinecke*, DB 1967, 109 ff.; *Flume*, Rechtsgeschäft § 15 III 4 a dd; *Palandt / Heinrichs*, § 276 Anm. 6 b bb und 6 c. Erfüllung kann der Gläubiger bei einem formnichtigen Vertrag nur verlangen, wenn es mit Treu und Glauben unvereinbar wäre, den Vertrag am Formmangel scheitern zu lassen. Vgl. *Palandt / Heinrichs*, § 125 Anm. 6 A m. w. N.; ferner *Canaris*, Vertrauenshaftung, §§ 25 und 27, sowie die Übersicht bei *Reinhardt*, JZ 1971, 461. Im übrigen besteht nur ein Schadensersatz-

II. Die verschiedenen Schutzzwecke

b) Wandelung

Der Ersatz des negativen Vertragsinteresses ist aber nicht auf diese Fälle beschränkt. Sein negatives Vertragsinteresse macht etwa auch der Käufer geltend, der bei einer mangelhaften Sachleistung Wandelung des Vertrages begehrt[55]. Die Wandelung gibt ihm die Möglichkeit, den Kaufpreis zurückzuverlangen (§§ 467 S. 1, 346). Dieser ist vom Zeitpunkt des Empfanges an zu verzinsen (§§ 467 S. 1, 347 S. 3, 246 BGB bzw. 352 HGB). Weiterhin sind die aufgewandten Vertragskosten zu ersetzen (§ 467 S. 2). Damit wird, jedenfalls weitgehend, der Zustand wiederhergestellt, der ohne den Abschluß des Kaufvertrages bestünde[56]. Der Käufer erhält die Verluste ersetzt, die ihm infolge der Durchführung des Vertrages entstanden sind.

c) § 823 Abs. 2 i. V. m. § 263 StGB

Auf das negative Vertragsinteresse ist schließlich der deliktische Schadensersatzanspruch nach § 823 Abs. 2 i. V. m. § 263 StGB bei arglistiger Verleitung zu einem Vertragsschluß gerichtet[57]. Der Schadensersatzanspruch dient hier zum Ausgleich des Vermögensschadens[58], der dem Getäuschten durch den Abschluß des Vertrages entstanden ist.

Der Schaden kann einmal darin bestehen, daß der Getäuschte den Abschluß eines anderen, für ihn günstigeren Vertrages unterlassen hat. Er hat dann Anspruch auf Zahlung eines entsprechenden Differenzbetrages[59]. Der Schaden kann weiterhin in dem Wertunterschied liegen, der zwischen dem Wert der erhaltenen und dem Wert der erbrachten Leistung besteht. Voraussetzung ist, daß die Leistung einen objektiven Verkehrswert hat und sich ein Mißverhältnis von Leistung und Gegen-

---

anspruch auf das negative Vertragsinteresse. Dieser kann sich betragsmäßig mit dem Erfüllungsinteresse decken, wenn der Gläubiger den Abschluß eines gleichartigen formwirksamen Vertrages nur deshalb unterlassen hat, weil er auf die Wirksamkeit des geschlossenen Vertrages vertraut hat. So lag der Sachverhalt auch in der Entscheidung BGH NJW 1965, 812, in der der BGH im Ergebnis einen Schadensersatzanspruch in Höhe des Erfüllungsinteresses bejaht hat.

[54] Vgl. BAG SAE 1964, 2 mit zustimmender Anm. von *Pleyer* = AP Nr. 4 zu § 276 (Verschulden bei Vertragsverhandlungen) mit krit. Anm. von *Diederichsen;* ferner BGH WM 1972, 772 und NJW 1975, 43.

[55] Vgl. *Keuk,* S. 160; *Herberger,* S. 138; *Staudinger / Ostler,* § 467 Rz. 34; *Soergel / Ballerstedt,* § 467 Rz. 1; *Esser,* SBT § 64 III Fn. 45.

[56] Entsprechendes gilt gem. § 634 Abs. 4 für den Werkvertrag.

[57] Vgl. RGZ 103, 154 (159); BGH NJW 1960, 237 f.; NJW 1962, 1909 f.; BB 1969, 696 f.; NJW 1972, 36 (= BGHZ 57, 137).

[58] Daß ein Vermögensschaden vorliegen muß, ergibt sich aus dem Charakter des Betruges als eines Vermögensdelikts. Der bloße Abschluß eines Vertrages stellt noch keinen Vermögensschaden dar.

[59] Vgl. RGZ 103, 154 (159); BGH NJW 1960, 237 (238); NJW 1962, 1909; BB 1969, 696 (697).

leistung nach dem jeweiligen Marktpreis feststellen läßt[60]. Auch hier kann der Getäuschte als Schadensersatz Zahlung einer entsprechenden Gelddifferenz verlangen[61]. Denkbar ist aber auch, daß die erworbene Sache für den Getäuschten nutzlos ist. Der Schaden besteht dann für ihn darin, daß er Geld investiert hat, ohne dafür eine brauchbare Gegenleistung zu erhalten[62]. Der Schadensausgleich erfolgt hier durch Rückzahlung des Kaufpreises[63]. Im Ergebnis erreicht der Käufer damit das gleiche Ziel wie mit der Anfechtung des Vertrages nach § 123. Ein Unterschied besteht nur insoweit, als der Schadensersatzanspruch nach § 852 in drei Jahren nach Kenntnis des Schadens und der Person des Ersatzpflichtigen verjährt, während die Anfechtung nach § 124 Abs. 1 nur binnen Jahresfrist nach Entdeckung der Täuschung erfolgen kann[64].

Demgegenüber scheidet ein Rückzahlungsanspruch in den beiden zuerst genannten Fällen aus[65]. Der Getäuschte ist insoweit auf die Anfechtung des Vertrages angewiesen. Daneben hat er das Recht auf Wandelung des Vertrages, wenn ihm ein Sachmangel arglistig verschwiegen wurde (§§ 459, 462, 467). Der Vertrag ist dann nach Bereicherungsrecht (§§ 812 ff.) bzw. den Rücktrittsvorschriften (§§ 346 ff.) rückabzuwickeln[66]. Dies erscheint im Ergebnis auch sachgerechter als eine Rückabwicklung nach Deliktsrecht, da diese Vorschriften im Unterschied zu den §§ 823 ff., 249 ff. ins einzelne gehende Regelungen darüber enthalten, wie die Rückabwicklung zu erfolgen hat[67].

---

[60] Dies ist etwa bei Gebrauchtwagen regelmäßig der Fall.

[61] Vgl. *Lieb*, JZ 1972, 442 (443); *Huber*, JuS 1972, 439 (441/442); *von Caemmerer*, Festschrift für Larenz, S. 621 (640); ferner *Bruschwitz*, S. 49 ff.; *Krauße*, JW 1929, 557 (562); *Hildebrandt*, Erklärungshaftung, S. 251.

[62] Vgl. BGH NJW 1961, 1876 ff., wo der BGH in einem solchen Fall strafrechtlich das Vorliegen eines Betruges bejaht. Zivilrechtlich hatte der BGH einen derartigen Sachverhalt bisher nur im Rahmen der Haftung aus c. i. c. wegen Verletzung der Aufklärungspflicht zu entscheiden, vgl. BGH NJW 1962, 1196.

[63] So auch BGH NJW 1962, 1196 für den Anspruch aus c. i. c.

[64] Vgl. Mot. II, S. 20 f.; Prot. I, S. 121; RGZ 84, 131 (133); a. A. noch RGZ 63, 268 (270), wo § 124 als Spezialvorschrift aufgefaßt wird.

[65] Gegen einen Rückzahlungsanspruch aus § 823 Abs. 2, § 263 StGB allgemein *Lieb*, JZ 1972, 442 f.; *John*, MDR 1972, 995 f.; *Eckstein*, ArchBürgR 41, 118 (240 ff.); a. A. die h. L., vor allem die in Fn. 57 genannte Rspr. des RG und des BGH; vgl. ferner etwa *Palandt / Thomas*, § 823 Anm. 12 f.; *Krüger-Nieland* in RGRK, § 123 Anm. 38; *Soergel / Knopp*, § 826 Anm. 66 u. 67.

[66] Vgl. dazu die Entscheidung BGHZ 53, 144 = JZ 1970, 416 mit Anm. von *Diesselhorst; Flume*, NJW 1970, 1161 ff.; *Weitnauer*, NJW 1970, 637 ff.; *Wieling*, JuS 1973, 397 ff.

[67] Vgl. *John*, a.a.O. (Fn. 65). Die h. L. begründet die Rückabwicklung nach Deliktsrecht mit dem Grundsatz der Naturalrestitution. Sie geht dabei von der falschen Voraussetzung aus, daß bereits der Abschluß des Vertrages als Schaden anzusehen ist, den es zu beseitigen gilt. Von einem Schaden kann indessen nur die Rede sein, wenn sich der Abschluß irgenwie negativ auf das Vermögen auswirkt (vgl. *Lieb*, a.a.O.). Der Ausgleich erfolgt dann nicht

II. Die verschiedenen Schutzzwecke 53

3. Das Integritätsinteresse

Vom positiven und vom negativen Vertragsinteresse ist das Integritätsinteresse[68] zu unterscheiden. Darunter ist das Interesse an der Unversehrtheit der Rechtsgüter einer Person zu verstehen[69]. Dieses Interesse wird im vorvertraglichen Bereich durch die Haftung aus culpa in contrahendo erfaßt[70], im Rahmen eines bestehenden Vertrages durch die Haftung aus positiver Vertragsverletzung[71] und außerhalb des Vertragsbereichs allgemein durch die Haftung aus § 823 Abs. 1.

Das Integritätsinteresse wird inhaltlich bestimmt durch die Funktionen, die dem jeweiligen Gut im Lebensbereich des Betroffenen zukommen. Die Gesundheit etwa, um das wohl wichtigste Rechtsgut herauszugreifen, schützt vor Verdienstausfall und zusätzlichen Kosten durch Krankheit und bewahrt vor den Komplikationen, die mit einer Verletzung verbunden sein können.

Wird die Gesundheit verletzt, greift der Schädiger in diesen Funktionsbereich ein. Die Gesundheit erfüllt nicht mehr den Nutzen, den sie für den Betroffenen hat. Es entsteht ein Schaden. Diesen hat der Schädiger zu ersetzen. Er haftet für den Verdienstausfall und die entstandenen Heilungskosten. Er hat für die zusätzlichen Gefahren einzustehen, denen der Betroffene durch die Verletzung ausgesetzt ist[72]. Er

---

nach § 249 S. 1, sondern nach § 251 Abs. 1 durch Zahlung eines dem konkreten Schaden entsprechenden Geldbetrages.

[68] Verwandte Begriffe sind „Erhaltungsinteresse", „Schutzinteresse" und „negatives Interesse". Darunter wird das allgemeine Interesse an der Aufrechterhaltung des status quo ohne das schädigende Ereignis verstanden. Bei dieser Terminologie stellt sich das Integritätsinteresse als ein Teil des umfassenderen, auch auf den Schutz des vorhandenen Vermögens gerichteten Erhaltungsinteresses dar. Ein anderer Teil ist das negative Vertragsinteresse. Entgegen der Ansicht von *Jakobs* (Unmöglichkeit, S. 33) empfiehlt es sich, nicht nur zwischen dem positiven und dem negativen Interesse zu unterscheiden, sondern beim negativen Interesse näher danach zu differenzieren, wodurch der Schaden entstanden ist, ob durch den Abschluß eines Vertrages oder durch einen Eingriff in die Rechtsgüter. Dies erscheint deswegen sinnvoll, weil der Ersatz des negativen Vertragsinteresses völlig anderen Regeln folgt als der Ersatz des Integritätsinteresses. Darauf hat zutreffend bereits *Keuk* (S. 162 f.) hingewiesen.

[69] *Esser*, SAT § 41 I 4.

[70] Vgl. RGZ 78, 239 (Linoleumteppich-Fall); BGH NJW 1962, 31; NJW 1976, 712.

[71] Vgl. *Palandt / Heinrichs*, § 276 Anm. 7 c bb m. N.

[72] Hier liegt der zutreffende Ansatzpunkt der Adäquanztheorie, die entscheidend auf dem Gesichtspunkt der Gefahrenerhöhung aufbaut. Vgl. *Traeger*, S. 159 ff.; BGHZ 3, 262 (266); *Schickedanz*, NJW 1971, 916 (919). Die Anwendung der Adäquanztheorie führt in der Praxis nur deshalb häufig zu falschen Ergebnissen, weil das Adäquanzurteil an das äußere Tatgeschehen (etwa die Verursachung eines Verkehrsunfalls) geknüpft wird statt an die Verletzung des Rechtsguts selbst. Vgl. *Hanau*, S. 83 ff., 89. Dies steht in Widerspruch zu § 823 Abs. 1, der ausdrücklich vorschreibt, daß der aus der

muß etwa den zusätzlichen Schaden ersetzen, den der Verletzte nach einem Unfall auf der Fahrt ins Krankenhaus erleidet[73]. Er trägt das Behandlungsrisiko[74] und die Gefahr einer Ansteckung infolge herabgesetzter Widerstandskräfte[75].

Demgegenüber umfaßt das Integritätsinteresse nicht den Schutz vor solchen Gefahren, die nur zufällig mit dem Schadensereignis zusammentreffen und auf den äußeren Begleitumständen der Verletzung beruhen[76]. Der Schädiger haftet etwa nicht für die Geldstrafe, die der Verletzte zahlen muß, weil die Polizei bei der Aufnahme des Unfalls feststellt, daß er ohne Führerschein gefahren ist[77]. Das Interesse, nicht ohne Führerschein angetroffen zu werden, besteht völlig unabhängig von der Körperverletzung. Es handelt sich hier nicht um ein zusätzliches Risiko, dem der Geschädigte auf Grund der Verletzung ausgesetzt ist, sondern um eine bereits vorher vorhandene Gefahr, die sich durch den Unfall lediglich aktualisiert hat. Entsprechendes gilt für die Entdeckung einer bislang verborgen gebliebenen Gehirnsklerose bei Durchführung der Unfalluntersuchung[78]. Wird der Verletzte aus diesem Grunde vorzeitig pensioniert, so braucht der Schädiger für den Verdienstausfall nicht einzustehen. Der Schaden beruht nicht auf der Verletzung, sondern auf dem bereits vorher beeinträchtigten Gesundheitszustand des Verletzten[79].

Verletzt der Schädiger nicht die Gesundheit, sondern das Eigentum oder ein anderes Rechtsgut, ist für den Umfang der Haftung auf den Funktionsbereich *dieses* Gutes abzustellen. So hatte der BGH[80] die

---

Verletzung entstehende Schaden zu ersetzen ist. Die Verursachung eines Verkehrsunfalls ist nach § 823 Abs. 1 kein Haftungstatbestand.

Geht man von der Verletzung als solcher und der sich daraus ergebenden Risiken aus, bedarf es keiner Korrektur durch die Schutzzwecklehre (ebenso im Ergebnis *Schickedanz*, a.a.O.). Der Schutzzweck, der hinter dem Verletzungsverbot steht, liegt darin, daß der Verletzte vor den Nachteilen geschützt sein soll, die mit einer Verletzung verbunden sind. Vgl. *Larenz*, SchR I § 27 III (S. 321). Entscheidend ist nur, daß der Schaden auf der Verletzung und nicht auf sonstigen Umständen beruht.

[73] Vgl. BGHZ 55, 86.
[74] Vgl. RGZ 102, 230; JW 1936, 1356.
[75] Vgl. RGZ 105, 264.
[76] *Huber*, JZ 1969, 677 ff., spricht hier im Anschluß an BGH JZ 1969, 702 = NJW 1968, 2287 (Bahnwärterfall) von dem allgemeinen Lebensrisiko, das er von dem spezifischen Verletzungsrisiko unterscheidet.
[77] Vgl. *Huber*, Festschrift für Wahl, S. 301 (322).
[78] Vgl. BGH NJW 1968, 2287 (Bahnwärterfall).
[79] Vgl. in diesem Zusammenhang auch BGHZ 25, 28 (Tod infolge der Beseitigung eines unfallunabhängigen Leidens bei Durchführung der Unfalloperation); BGH NJW 1963, 1671 (Allergie infolge einer vorsorglich für die Zukunft vorgenommenen, durch die Verletzung nicht indizierten Tetanusimpfung).
[80] BGH NJW 1972, 904.

II. Die verschiedenen Schutzzwecke

Frage zu entscheiden, ob derjenige, der im Straßenverkehr ein anderes Auto beschädigt, auch für den Schaden einzustehen hat, den andere Autofahrer dadurch verursachen, daß sie der Unfallstelle ausweichen und dabei öffentliches Eigentum (Gehweg, Grünstreifen) beschädigen. Zutreffend hat der BGH diese Frage entgegen einer früheren Entscheidung des Landgerichts Düsseldorf[81] und dem Urteil des OLG Bremen in der Vorinstanz[82] verneint. Der Schaden an dem Grünstreifen liegt außerhalb des Funktionsbereichs des Eigentums an dem beschädigten Auto. Das in § 823 Abs. 1 geschützte Interesse des Eigentümers an der Unversehrtheit seiner Güter umfaßt nicht auch den Schutz des in fremdem Eigentum stehenden Grünstreifens. Dessen Beschädigung beruht überhaupt nicht auf der *Sachbeschädigung* des Autos, sondern auf der Blockade der Fahrbahn und dem dadurch ausgelösten Verhalten anderer Autofahrer. Eine Zurechnung als Folgeschaden der Sachbeschädigung an dem anderen Auto scheidet daher aus.

Eine andere Frage ist, ob der Unfallverursacher unmittelbar wegen eines von ihm zu vertretenden Eingriffs in das Eigentum des Straßenbaulastträgers nach § 823 Abs. 1 haftet. Auch dies ist mit dem BGH zu verneinen. Das Verschulden des Unfallverursachers bezieht sich nur auf die Mißachtung von Verkehrsvorschriften, nicht aber die Handlungen anderer Autofahrer. Ein Verschulden an der Beschädigung des Grünstreifens würde den Unfallverursacher nur dann treffen, wenn er verpflichtet gewesen wäre, die anderen Autofahrer am Überfahren des Grünstreifens zu hindern.

4. Sonstige Interessen

Neben dem Erfüllungsinteresse, dem negativen Vertragsinteresse und dem Integritätsinteresse schützt das Gesetz eine Vielzahl besonderer Interessen, so im Deliktsrecht das Interesse an der Einhaltung der *gesetz*lichen Schutzvorschriften (§ 823 Abs. 2), das Interesse an der *Recht*mäßigkeit der Verwaltung (§ 839) und das Interesse an einem *sitten*gemäßen Verhalten (§ 826). Der Umfang des Schadensersatzes hängt hier vom Schutzzweck der jeweils verletzten Verhaltensnorm ab[83]. Dieser ist im Wege der Auslegung zu ermitteln. Es gelten insoweit die allgemeinen Auslegungsgrundsätze. Auf die Adäquanz des Schadens kommt es nicht an[84]. Entscheidend ist vielmehr, ob der eingetretene Schaden

---

[81] NJW 1955, 1031; dagegen *Larenz*, NJW 1955, 1009; *von Caemmerer*, Kausalzusammenhang, S. 14 f.; *Erman / Sirp*, § 249 Anm. 3 h.

[82] VersR 1970, 424.

[83] Vgl. *Hanau*, Kausalität der Pflichtwidrigkeit, S. 87; *Huber*, Festschrift für Wahl, S. 301 (312 f.); *von Caemmerer*, DAR 1970, 283; BGH NJW 1970, 421; 1971, 459.

[84] Die Adäquanztheorie paßt nur dort, wo es um die Abwehr von Gefahren geht, die aus einer Rechtsverletzung drohen. Denn nur dort ist das

durch die Aufstellung der in Betracht kommenden Norm verhindert werden sollte[85].

So soll das in § 263 StGB enthaltene Verbot, einen anderen zu betrügen, nur vor dem unmittelbaren Schaden schützen, der sich aus der getroffenen Vermögensverfügung ergibt[86], nicht aber vor dem weiteren Schaden, den der Betrogene etwa durch den Gebrauch der erlangten Sache erleidet[87]. Dafür haftet der Betrüger ausschließlich nach Vertragsrecht und, soweit durch einen verschwiegenen Mangel eine Körper-, Gesundheits- oder Eigentumsverletzung hervorgerufen wird, auch nach § 823 Abs. 1. Das Verbot gefährlicher Eingriffe in den Bahnverkehr nach § 315 StGB soll die Bahn nur vor der Beschädigung ihrer Betriebsmittel schützen, nicht aber vor Schadensersatzansprüchen nach § 1 Reichshaftpflichtgesetz. Sie kann daher von dem Eingreifenden insoweit keinen Ersatz verlangen[88].

Ähnliches wie für die gesetzlichen Verhaltensnormen gilt für die vertraglichen Verhaltenspflichten. Sie erfüllen im Rahmen eines Vertrages bestimmte Funktionen. Die Aufklärung über die Bedienung einer Maschine soll nicht etwa nur dazu dienen, deren Benutzbarkeit sicherzustellen, sondern sie soll das Bedienungspersonal auch vor möglichen Schäden schützen. Daher haftet der Verkäufer aus positiver Vertragsverletzung auch für einen Gesundheitsschaden, soweit er auf der mangelhaften Aufklärung beruht[89]. Entscheidend ist der jeweilige Zweck, der durch die Einhaltung der in Betracht kommenden Vertragspflicht erreicht werden soll[90].

Zusammenfassung

Ausgangspunkt der Schadensberechnung ist nicht das Vermögen und seine Veränderungen, sondern das Interesse, das der Geschädigte an der Erfüllung eines Vertrages oder seinem Nichtabschluß, der Integrität seiner Rechtsgüter oder an einem bestimmten Verhalten hat. Der Umfang des Interesses hängt dabei von dem jeweiligen Nutzen ab, der mit der Erfüllung der Vertragspflichten, dem Nichtabschluß seines Ver-

---

Kriterium der Gefahrenerhöhung, auf das die Adäquanztheorie im wesentlichen abstellt, überhaupt sinnvoll.

[85] Vgl. *Huber*, a.a.O. (Fn. 83).
[86] Vgl. *Dreher*, StGB, § 263 Anm. 5.
[87] Vgl. *Huber*, JuS 1972, 439 ff.; *Lieb*, JZ 1972, 442 (443 f.); *Flessner*, NJW 1972, 1777 (1779); *John*, MDR 1972, 995 (996 f.); *von Caemmerer*, Festschrift für Larenz, S. 621 (641 f.); *Honsell*, NJW 1973, 350 (352 ff.). a. A. BGH NJW 1972, 36 = BGHZ 57, 137 bezüglich des Verlustes der erlangten Sache; zustimmend *Herr*, NJW 1972, 250; *Kühne*, JR 1972, 112.
[88] Vgl. BGH LM Nr. 8 zu § 426.
[89] Vgl. *Larenz*, SchR I § 27 III b 2 (S. 320).
[90] Vgl. in diesem Zusammenhang auch die Ausführungen zur Problematik des rechtmäßigen Alternativverhaltens oben Kap. C I 2 c.

II. Die verschiedenen Schutzzwecke

trages, der Unversehrtheit eines Rechtsguts oder der Einhaltung einer bestimmten Verhaltensnorm verbunden ist.

Die Schutzrichtung der vertraglichen Schadensersatzansprüche ist dabei individueller Art. Für den Umfang der Schadensersatzansprüche wegen Nichterfüllung kommt es auf den Inhalt des jeweiligen Vertrages und die Ziele an, die mit der Erfüllung erreicht werden sollen. Der Schadensersatzanspruch dient hier als Ausgleich für die fehlende Verwirklichung der Interessen, die der Gläubiger an dem Erwerb oder der Nutzung des Leistungsgegenstandes hat.

Die auf das negative Vertragsinteresse gerichteten Schadensersatzansprüche sollen demgegenüber die Nachteile ausgleichen, die für den Gläubiger mit dem Abschluß eines Vertrages verbunden sind. Sie sind anders als die Schadensersatzansprüche wegen Nichterfüllung nicht auf die Herstellung des status ad quem bei (ordnungsgemäßer) Erfüllung des Vertrages gerichtet, sondern auf ersatzweise Verwirklichung des status quo ohne den geschlossenen Vertrag und dienen dem Ausgleich nachteiliger Vermögensdispositionen.

Die Schutzrichtung der Schadensersatzansprüche bei Verletzung eines fremden Rechtsguts ist genereller Art. Geschützt wird hier das Interesse, das allgemein an der Unversehrtheit eines Gutes besteht, weil seine Verletzung bestimmte Nachteile und Gefahren mit sich bringt. Für die Frage der Schadenszurechnung ist entscheidend, ob der eingetretene Schaden auf der Art der Verletzung und der sich daraus ergebenden Gefahren beruht oder auf Umständen, die zufällig zu der Verletzung hinzutreten.

Speziell ist die Schutzrichtung der Schadensersatzansprüche bei Verletzung eines Schutzgesetzes, einer Amtspflicht oder bei Verstoß gegen die guten Sitten. Der Haftungsumfang richtet sich hier nach dem Schutzzweck der jeweils verletzten Verhaltensnorm. Zu ersetzen sind nur die Schäden, deren Eintritt durch die Aufstellung der Norm gerade verhindert werden sollten.

D. Der Umfang der Schadensersatzansprüche wegen Nichterfüllung nach §§ 463, 480 Abs. 2, 538, 635 und ihre Abgrenzung zu Ansprüchen aus positiver Vertragsverletzung und Wandelung des Vertrages

I. Die Haftung des Verkäufers für das Fehlen einer zugesicherten Eigenschaft nach § 463 S. 1 (480 Abs. 2)

Die Haftung des Verkäufers nach § 463 S. 1 (480 Abs. 2) knüpft an die Zusicherung an, die verkaufte Sache habe eine bestimmte Eigenschaft. Geschützt ist das positive Interesse am Vorhandensein der konkret zugesicherten Eigenschaft.

Dieses Interesse ist je nach der Art der zugesicherten Eigenschaft und dem Zweck, den der Käufer mit der Zusicherung verfolgt, verschieden. Es kann entweder darauf gerichtet sein, eine Sache mit einem bestimmten Wert zu erhalten. Oder dem Käufer kommt es darauf an, die Sache in bestimmter Weise verwenden zu können. Denkbar ist aber auch, daß sich der Käufer durch die Zusicherung vor bestimmten Gefahren für Körper, Gesundheit oder Eigentum schützen will.

Dementsprechend unterschiedlich ist die Art der Schäden, die mit dem Schadensersatzanspruch wegen Nichterfüllung geltend gemacht werden können. Der Schadensersatzanspruch kann auf das Wertinteresse, das Gebrauchsinteresse oder das Integritätsinteresse des Käufers gerichtet sein. Welche Interessen der Käufer im konkreten Fall mit der Zusicherung verfolgt, ist aus den Umständen des Einzelfalls zu ermitteln[1]. Anhaltspunkte sind etwa Äußerungen des Käufers während der Vertragsverhandlungen, sein Beruf, ferner die besonderen Eigenarten der Sache und die Risiken, die sich bei der Benutzung ergeben können.

1. Das Interesse an der Verwendbarkeit der Sache zu einem bestimmten Zweck

Grund für eine Zusicherung ist häufig die Absicht, sicherzustellen, daß die gekaufte Sache zu einem bestimmten Zweck verwandt werden kann. Zu dieser Fallgruppe zählt etwa das *„Kontaktkleber-Urteil"* des BGH[2].

---

[1] Im Ergebnis ebenso *Diederichsen*, AcP 165, 150 (157 ff.) und die h. L.; vgl. Nachweise oben Kap. B Fn. 8 und 9.

[2] BGHZ 50, 200 ff. = NJW 1968, 1622 ff.

I. Fehlen einer zugesicherten Eigenschaft

Dort ging es um einen Handwerker, der einen Klebstoff zum Anbringen von Styroporplatten benötigte. Der Verkäufer hatte einen bestimmten Klebstoff empfohlen und zugesichert, daß dieser zum angegebenen Zweck geeignet sei. Bei der Verwendung des Klebstoffs stellte sich heraus, daß die Styroporplatten nicht hielten und nach einiger Zeit herunterfielen. Dadurch war der Käufer gezwungen, bei seinen Kunden Nachbesserungsarbeiten vorzunehmen. Den dadurch entstandenen Schaden verlangte er von dem Verkäufer des Klebstoffs als Nichterfüllungsschaden ersetzt.

Der BGH hat den Anspruch zu Recht bejaht. Der Käufer wollte den Klebstoff von vornherein nicht bei sich, sondern bei Dritten verwenden. Dem Verkäufer war dies nach den Umständen bekannt. Die Zusicherung konnte nur den Sinn haben, den Käufer vor möglichen Ansprüchen seiner Kunden wegen mangelhafter Leistung zu schützen. Die Schadensersatzverpflichtung nach § 480 Abs. 2 umfaßt daher auch die zusätzlichen Kosten, die dem Käufer durch die Verpflichtung zur Nachbesserung entstanden sind. Verletzt ist das positive Interesse des Käufers an der Verwendbarkeit des Klebstoffs zum vorgesehenen Zweck.

Zweifelhaft erscheint demgegenüber die Entscheidung im „*Lackfall*"[3].

Dort hatte der Verkäufer zugesichert, daß ein bestimmter Lack zum Streichen von Fenstern, die der Käufer herstellte, geeignet sei. Der Verkäufer hatte mehrere Probelackierungen bezüglich Haltbarkeit und Wetterfestigkeit vorgenommen, bevor er dem Käufer einen neuartigen Lack empfohlen hatte. Nach einigen Jahren zeigten sich an den gestrichenen Fenstern überraschend und ohne daß dies nach dem damaligen Stand der Wissenschaft erkennbar war, Fäulnisschäden, die auf einen zu hohen Wasserdurchlaufwiderstand des Lacks zurückzuführen waren. Diese Schäden lösten in erheblichem Umfang Schadensersatzansprüche gegen den Käufer auf. Den dadurch erlittenen Schaden verlangte der Käufer nunmehr seinerseits vom Verkäufer des Lacks ersetzt.

Problematisch ist hier zunächst, welche Eigenschaft der Verkäufer eigentlich zugesichert hat. Der BGH kommt zu dem Ergebnis, der Verkäufer habe die generelle Eignung des Lacks für die Belange des Käufers zugesichert. Es stellt sich indessen die Frage, ob die Eignung eines Lacks zum Streichen von Fenstern überhaupt eine Eigenschaft ist, die zugesichert werden kann, oder ob sich die Eignung nicht erst aus verschiedenen Eigenschaften ergibt[4].

Als zusicherungsfähige Eigenschaften kommen alle Tatsachen in Betracht, die einen Einfluß auf die Wertschätzung oder Brauchbarkeit der Sache haben[5]. Ein bloßes Urteil über eine Umweltbeziehung der Sache

---
[3] BGHZ 59, 158 = NJW 72, 1706 = BB 72, 1069 mit Anm. von *Graf von Westphalen*.
[4] Vgl. *Hüffer*, JuS 1973, 606 (609).
[5] Vgl. *Palandt / Putzo*, § 459 Anm. 7.

D. Schadensersatz wegen Nichterfüllung bei Sachmängeln

genügt nicht[6]. Aus diesem Grunde stellt etwa der „Wert" einer Sache keine Eigenschaft dar, wohl aber die wertbildenden Faktoren[7].

Ebenso liegt die Sache hier. Die Eignung des Lacks für die Belange des Käufers ist keine Tatsache, sondern ein Urteil, das sich aus dem Vorliegen verschiedener Tatsachen ergibt. Die Eignung eines Lacks kann damit auch nicht zugesichert werden[8]. Zu untersuchen ist vielmehr, welche konkreten Eigenschaften der Verkäufer mit seiner Empfehlung zugesichert hat[9].

Hierbei fällt ins Gewicht, daß sich die Probelackierungen nur auf die Haltbarkeit und Wetterfestigkeit des Lacks erstreckten. An die Möglichkeit eines zu hohen Wasserdurchlaufwiderstandes hatten die Parteien überhaupt nicht gedacht, da es sich um ein neuartiges, bisher nicht bekanntes Risiko handelte. Dies spricht dafür, die Zusicherung einer ausreichenden Wasserdampfdurchlässigkeit abzulehnen[10].

Auf der anderen Seite ist nicht zu verkennen, daß der Käufer einen Lack benötigte, den er ohne Risiko verarbeiten konnte. Sinn der Probelackierungen und der daraufhin gegebenen Zusicherung war es für ihn, sich gegen alle möglichen Schäden aus der Verarbeitung des Lacks abzusichern[11]. Dies könnte dafür sprechen, den Verkäufer, der dieses Interesse kannte, auf Grund der Zusicherung auch für die infolge mangelnder Wasserdampfdurchlässigkeit entstandenen Schäden haften zu lassen[12].

Folgt man dem, so lastet man dem Verkäufer freilich das Risiko auf, für Schäden einstehen zu müssen, die nach dem damaligen Stand der Wissenschaft nicht bekannt und damit nicht vorhersehbar waren. Man stellt den Verkäufer damit schlechter als den Produzenten, der nach § 823 Abs. 1 Dritten gegenüber nur haftet, wenn ihn ein Verschulden trifft[13]. Dies erscheint widersprüchlich, zumal der Verkäufer anders als der Produzent keine eigene, sondern regelmäßig eine fremde Ware in Verkehr bringt.

---

[6] *Staudinger / Ostler*, § 459 Rn. 50.
[7] *Palandt / Heinrichs*, § 119 Anm. 4 c m. N.
[8] Zutr. *Hüffer*, JuS 1973, 606 (609).
[9] Vgl. *Hüffer*, a.a.O.
[10] Vgl. *von Westphalen*, BB 1972, 1070 (1071).
[11] Diesen Gesichtspunkt betont der BGH, a.aO.; vgl. Ziff. 1 b der Urteilsbegründung.
[12] So *Hüffer*, JuS 1973, 609; im Ergebnis ebenso *Schmidt-Salzer*, Produkthaftung, S. 240 Fn. 59; *Herberger*, S. 136 Fn. 170.
[13] Vgl. zur Produzentenhaftung BGHZ 51, 91; JZ 1971, 29 und die Übersicht bei *Palandt / Thomas*, § 823 Anm. 16; dort auch weiterführende Literaturnachweise.

I. Fehlen einer zugesicherten Eigenschaft

Der BGH[14] glaubt dem mit dem Hinweis Rechnung tragen zu können, der Verkäufer habe es in der Hand, seine Haftung durch Vereinbarung mit dem Käufer zu beschränken. Hier stellt sich indessen die Frage, wie der Verkäufer einen Haftungsausschluß über Risiken herbeiführen soll, die er gar nicht kennt und auch nicht kennen kann. Näher scheint die Annahme zu liegen, daß der Verkäufer für mögliche Entwicklungsrisiken von vornherein nicht haften will. Davon muß im Regelfall auch der Käufer ausgehen. Es müssen schon besondere Anhaltspunkte vorliegen, um die Annahme zu rechtfertigen, der Verkäufer habe eine Zusicherung auch für unvorhergesehene Schäden abgeben wollen. Die Tatsache bloßer Probelackierungen und einer darauf gestützten Zusicherung dürfte dafür kaum ausreichen[15].

Die Lösung des BGH wirft zudem die Frage auf, ob der Verkäufer seine Zusicherungserklärung wegen Inhaltsirrtum nach § 119 Abs. 1 anfechten kann, weil er sich über die Tragweite seiner Erklärung geirrt hat[16]. Der BGH geht darauf nicht ein, wohl deshalb, weil eine Anfechtungserklärung nicht vorlag. Es erscheint auch zweifelhaft, ob der BGH eine Anfechtung zulassen würde. Mit der Anfechtung könnte sich der Verkäufer von der Haftung für den eingetretenen Mangelfolgeschaden befreien. Die Haftung nach § 122 würde den Verkäufer lediglich zum Ersatz des negativen Vertragsinteresses verpflichten, also etwa zum Ersatz nutzlos gewordener Aufwendungen[17]. Dieses Ergebnis stünde im Gegensatz zu der rechtspolitischen Zielsetzung, die letztlich hinter der Entscheidung des BGH steht: Der Käufer soll wenigstens bei Vorliegen einer Zusicherung im Rahmen eines Kaufvertrages weitgehend vor möglichen Risiken geschützt sein.

Weniger Probleme wirft der „*Nottestamentmappenfall*"[18] auf.

Der Bürgermeiter einer Gemeinde hatte ein Anleitungsbuch über die Errichtung von Nottestamenten gekauft. Dabei war ihm die inhaltliche Richtigkeit und Zuverlässigkeit der darin enthaltenen Angaben zugesichert worden. Bei der Errichtung eines Nottestaments unterlief daraufhin dem Bürgermeister ein Fehler, der die Nichtigkeit des Testaments zur Folge hatte. Die in dem Nottestament vorgesehene Alleinerbin verlangte daraufhin von der Gemeinde nach § 839/Art. 34 GG Schadensersatz dafür, daß nunmehr nicht mehr sie, sondern die gesetzlichen Erben erbberechtigt waren. Diesen Regreßschaden machte die Gemeinde ihrerseits gegenüber dem Verkäufer des Anleitungsbuchs geltend.

Zu Recht hat der BGH der Klage stattgegeben. Die Nottestamentsmappe sollte dem Bürgermeister bei der Errichtung von Nottestamen-

---
[14] a.a.O. (Fn. 3) unter 1 c der Urteilsbegründung.
[15] Ebenso *von Westphalen*, BB 1972, S. 1072.
[16] Vgl. *Teichmann / Hansen*, NJW 1973, 20/21.
[17] Vgl. Kap. C II 2.
[18] BGH NJW 1973, 843.

ten behilflich sein. Ihre Benutzung sollte Fehler vermeiden helfen. Die Gemeinde war an der inhaltlichen Richtigkeit des Anleitungsbuches wegen möglicher Regreßansprüche interessiert. Aus diesem Grunde hat sie sich die inhaltliche Richtigkeit zusichern lassen. Sie wollte damit gegen mögliche Regreßansprüche bei fehlerhafter Testamentserrichtung abgesichert sein. Für die Beeinträchtigung dieses Interesses hat der Verkäufer nach § 463 S. 1 einzustehen.

2. Das Interesse an der Sicherheit und Ungefährlichkeit der gekauften Sache

Der Käufer kann sich außer der Verwendbarkeit der Sache zu einem bestimmten Zweck auch die Ungefährlichkeit der Sache zusichern lassen. Mit einer solchen Zusicherung will er sich vor Schäden an Körper, Gesundheit und Eigentum schützen. Die Haftung nach § 463 S. 1 (§ 480 Abs. 2) umfaßt dann auch den Ersatz von sog. Mangelfolgeschäden an anderen Rechtsgütern.

Instruktiv ist hier etwa der *„Papageienfall"*, den das OLG Frankfurt[19] zu entscheiden hatte.

Der Käufer hatte für seine Familie einen Papagei gekauft. Er hatte sich während der Vertragsverhandlungen bei dem Verkäufer erkundigt, ob eine Gefahr bestehe, sich mit der Papageienkrankheit anzustecken. Der Verkäufer hatte dies verneint und zugesichert, der verkaufte Papagei sei gesund.

Hier erstreckt sich das positive Interesse des Käufers an der Gesundheit des Papageis nach den Umständen nicht nur darauf, keine Tierarztkosten für die Heilung des Papageis aufwenden oder keinen neuen Papagei kaufen zu müssen, wenn dieser an der Krankheit eingeht. Ihm kam es vielmehr darauf an, sich und seine Familie vor einer möglichen Infizierung zu schützen. Dies war nach den Umständen der Zweck der Zusicherung, die der Verkäufer abgegeben hat. Er hat daher nach § 463 S. 1 auch für einen möglichen Gesundheitsschaden des Käufers oder seiner Familienangehörigen aufzukommen[20].

Auf der gleichen Linie liegt die Entscheidung des BGH[21] im *„Futtermittelfall"*.

Dort ging es um Futtermittel für die Kälbermast, deren handelsübliche Reinheit und Unverdorbenheit zugesichert waren. Das gelieferte Futter war bakterienverseucht, so daß ein Teil der damit gefütterten Kälber einging.

---

[19] VersR 1960, 283.
[20] Ebenso *Diederichsen*, AcP 165, 150 (160 f.); *Todt*, Schadensersatzansprüche, S. 156 f. Das OLG Frankfurt hat die Frage des Haftungsumfangs offengelassen, da der Kläger nicht nachweisen konnte, daß die Infektion bereits bei Kaufabschluß vorhanden war.
[21] BGHZ 57, 292 = NJW 1972, 251.

I. Fehlen einer zugesicherten Eigenschaft

Zutreffend hat der BGH angenommen, der Verkäufer hafte nach § 480 Abs. 2 für den Schaden, der dem Landwirt durch den Tod der Kälber entstanden ist. Die Zusicherung konnte für den Käufer nur den Zweck haben, sich vor einer möglichen Vergiftung der Tiere durch mangelhaftes Futter zu schützen. Ihm kam es nicht darauf an, Futter mit einem bestimmten Kaufwert zu erhalten, sondern sein Interesse war auf den Erwerb ungefährlichen Futters gerichtet.

Anders lag der Sachverhalt im „*Reifenfall*", den das OLG Karlsruhe[22] zu entscheiden hatte.

Der Kläger hatte Autoreifen gekauft, deren Laufflächen nach einem neuartigen Verfahren erneuert waren. Der Verkäufer hatte dafür eine Garantie von 2 Jahren übernommen und zugesichert, die nach seinem Verfahren behandelten Reifen erbrächten nochmals die gleiche Kilometerleistung wie ein neuer Reifen. Die Reifen platzten währen der Fahrt, der Wagen kam ins Schleudern, prallte gegen ein Hindernis und wurde erheblich beschädigt.

Zu Recht hat das Gericht einen Anspruch des Käufers auf Ersatz des erlittenen Unfallschadens aus § 463 S. 1 abgelehnt[23]. Ausschlaggebend ist dabei nicht, daß es sich hier um einen Mangelfolgeschaden handelt, der das Integritätsinteresse des Käufers betrifft, sondern daß sich das Interesse des Käufers an der Zusicherung nach den Umständen nur darauf erstreckte, einen runderneuerten Reifen mit der gleichen Kilometerleistung wie ein Neureifen zu erhalten. Zugesichert war die gleiche Wirtschaftlichkeit, nicht die gleiche Sicherheit[24].

Abzulehnen ist die Entscheidung des OLG Köln im „*Heizölfall*"[25].

Der Verkäufer hatte Heizöl mit einem zu hohen Wassergehalt geliefert. Dadurch war es zu Schäden an den damit beheizten Ölöfen gekommen.

Das OLG unterstellt, daß der Verkäufer einen normalen Wassergehalt zugesichert hatte, verneint dann aber eine Haftung des Verkäufers für die Beschädigung der Ölöfen. Zur Begründung führt es aus, es handele sich hier um einen Mangelfolgeschaden, für den der Verkäufer nur bei Verschulden einzustehen habe.

Diese Begründung überzeugt nicht. Entweder hat der Verkäufer tatsächlich einen normalen Wassergehalt zugesichert. Dann hatte diese Zusicherung den Sinn, den Käufer vor einer Beschädigung seines Ölofens durch ungeeignetes Öl zu schützen. Denn nur insoweit ist der

---

[22] OLGZ 1966, 274 = DB 1965, 1208.
[23] Zustimmend *Todt*, Schadensersatzansprüche, S. 154.
[24] Sichert der Verkäufer die „Gleichwertigkeit" mit einem Neureifen zu, so dürfte damit im Regelfall allerdings sowohl die gleiche Wirtschaftlichkeit wie die gleiche Sicherheit gemeint sein.
[25] VersR 1964, 541.

Wassergehalt für den Käufer von Interesse. Oder eine solche Zusicherung lag nicht vor. Dann greift auch nicht die Haftung nach § 463 S. 1, 480 Abs. 2 ein. Der Verkäufer haftet dann nur, wenn er eine Schutzpflicht verletzt und durch die Lieferung mangelhaften Heizöls schuldhaft das Eigentum des Käufers gefährdet[26]. Das OLG hätte daher, ausgehend von der Zusicherung des Verkäufers, die Klage zusprechen müssen.

II. Die Haftung des Verkäufers wegen Arglist nach § 463 S. 2 (§ 480 Abs. 2)

Nach § 463 S. 2 (§ 480 Abs. 2) haftet der Verkäufer auf Schadensersatz wegen Nichterfüllung, wenn er einen Fehler arglistig verschwiegen hat. Entsprechendes gilt, wenn er das Vorhandensein einer Eigenschaft arglistig vorgespiegelt hat[27].

1. Arglistige Vorspiegelung einer Eigenschaft

Soweit der Verkäufer eine Eigenschaft arglistig vorgespiegelt hat, ist die Lage ähnlich wie bei der Zusicherungshaftung nach § 463 S. 1 (§ 480 Abs. 2)[28]. Der Umfang der Haftung bemißt sich nach dem Interesse, das der Käufer am Vorhandensein der vorgespiegelten Eigenschaft hat. Spiegelt der Verkäufer eines PKW etwa einen niedrigeren als den tatsächlichen Benzinverbrauch vor, weil er weiß, daß der Käufer auf einen wirtschaftlichen Wagen Wert legt, so haftet er nach § 463 S. 2 (analog) nur für die Nachteile, die das Wirtschaftlichkeitsinteresse des Käufers berühren. Er muß also die Mehraufwendungen für Benzin ersetzen. Demgegenüber umfaßt die Schadensersatzhaftung nach § 463 S. 2 (analog) nicht den Schaden, den der Käufer dadurch erleidet, daß der Wagen wider Erwarten auf der Überholspur der Autobahn liegenbleibt und in einen Unfall verwickelt wird[29]. Gegen ein solches Risiko schützt bereits die Benzinuhr.

2. Arglistiges Verschweigen eines Fehlers

Verschweigt der Verkäufer einen Fehler, so bleibt als Anknüpfungspunkt für das positive Interesse des Käufers nur das Leistungsversprechen des Verkäufers. Der Umfang der Schadensersatzhaftung hängt in diesem Fall von dem Zweck ab, den der Käufer mit dem Abschluß

---

[26] Vgl. Kap. F II 1 a.
[27] Heute allgemeine Meinung, vgl. Kap. B Fn. 11.
[28] Für eine Gleichbehandlung auch *Todt*, BB 1971, 680 (681); *Palandt / Putzo*, § 463 Anm. 4.
[29] Im Ergebnis ebenso *Diederichsen*, AcP 165, 150 (162).

II. Arglisthaftung des Verkäufers

des Vertrages verfolgt. Die Arglist des Verkäufers berechtigt den Käufer, ausnahmsweise sein Erfüllungsinteresse geltend zu machen, während er sonst auf Wandelung oder Minderung beschränkt ist[30].

Der Schadensersatzanspruch kann dabei entgegen der Auffassung von *Thiele*[31] und *Todt*[32] auch Schäden an den Rechtsgütern des Käufers umfassen. Erwirbt jemand ein Grundstück zur Bebauung, so beschränkt sich das Erfüllungsinteresse nicht auf den Erwerb der Grundstückssubstanz und des damit verbundenen Vermögenszuwachses, sondern der Käufer will auf dem Grundstück bauen können. Verschweigt der Verkäufer arglistig einen Mangel, der der Bebaubarkeit entgegensteht, hat er für alle darauf beruhenden Folgeschäden einzustehen. Durchziehen Leitungen den Boden, sodaß sich der Boden infolge der Belastung mit einem Bauwerk senkt, so umfaßt die Haftung des Verkäufers etwa auch den Schaden, der durch Rissebildung im Mauerwerk, die Verzögerung der Fertigstellung oder die Einstellung des Bauvorhabens entsteht[33]. Ebenso haftet der Verkäufer eines Feuerlöschers, wenn er einen Funktionsmangel vorsätzlich verschweigt, für den Brandschaden, der bei einwandfreiem Funktionieren hätte verhindert werden können. Denn der Käufer verfolgt mit dem Kauf des Feuerlöschers gerade den Zweck, sein Eigentum zu schützen. Dies ist dem Verkäufer auch bekannt. Er nimmt das Risiko eines Brandschadens bewußt in Kauf, wenn er den Mangel verschweigt[34].

Von der Arglisthaftung nach § 463 S. 2 nicht erfaßt werden demgegenüber Schäden, die außerhalb der dem Verkäufer bekannten Vertragserwartungen des Käufers liegen. Als Beispiel läßt sich der bereits oben[35] erwähnte Fall anführen, daß der Verkäufer eines Autos den ungewöhnlich hohen Benzinverbrauch verschweigt und der Käufer in einen Unfall verwickelt wird, weil er mit leerem Tank auf der Überholspur der Autobahn liegenbleibt. Der Verkäufer hätte den Käufer nicht wegen des möglichen Unfallrisikos aufklären müssen, sondern wegen der erhöhten Unkosten, die mit dem Betrieb des Autos verbunden sind. Die hohen Unkosten wären unter Umständen ein Grund gewesen, der den Käufer hätte vom Kauf abhalten können, nicht das durch die Anzeige auf der Benzinuhr vermeidbare Risiko, den Tank vorzeitig leer zu fahren.

---

[30] Vgl. *Flume*, Eigenschaftsirrtum, S. 54 f.; *Todt*, BB 1971, 680 (681); *Herberger*, S. 128.
[31] JZ 1967, 649 (655).
[32] BB 1971, 680 (681).
[33] Vgl. den Sielleitungsfall BGH NJW 1965, 532; zustimmend *Keuk*, S. 163 Fn. 156.
[34] Weitere Beispiele bei *Diederichsen*, AcP 165, 150 (162).
[35] Kap. D II 1.

D. Schadensersatz wegen Nichterfüllung bei Sachmängeln

Letztlich gilt auch hier nichts anderes als bei einer entsprechenden Zusicherung[36]. In beiden Fällen ist die Haftung auf das Erfüllungsinteresse gerichtet[37]. Nach § 463 S. 1 haftet der Verkäufer, weil er die Haftung für bestimmte Schäden ausdrücklich übernommen hat, nach § 463 S. 2, weil er beim Käufer falsche Erwartungen geweckt oder unterhalten hat. Daran wird er ebenso wie bei einer Zusicherung festgehalten[38].

Zusammenfassung

Der Umfang der Haftung des Verkäufers für das Fehlen einer zugesicherten Eigenschaft nach § 463 S. 1 (§ 480 Abs. 2) richtet sich nach dem Interesse, das der Käufer am Vorhandensein der zugesicherten Eigenschaft hat und das für ihn der Grund war, sich die Zusicherung geben zu lassen. Der Käufer kann sich neben wertbestimmenden Eigenschaften und Eigenschaften, die die Verwendbarkeit betreffen, auch die Ungefährlichkeit der verkauften Sache zusichern lassen. In einem solchen Fall umfaßt die Schadensersatzhaftung wegen Nichterfüllung auch Schäden an den Rechtsgütern des Käufers. Ob sich die Zusicherung auch auf die Ungefährlichkeit der Sache bezieht, ist aus den jeweiligen Umständen zu ermitteln.

Entsprechendes wie für die Zusicherung einer Eigenschaft gilt für die arglistige Vorspiegelung einer nicht vorhandenen Eigenschaft. Analog § 463 S. 2 (§ 480 Abs. 2) haftet der Verkäufer für das jeweilige Interesse, das der Käufer am Vorhandensein der vorgespiegelten Eigenschaft hat.

Verschweigt der Verkäufer arglistig einen Fehler, so richtet sich der Umfang der Schadensersatzhaftung wegen Nichterfüllung nach § 463 S. 2 (§ 480 Abs. 2) nach dem Interesse, das der Käufer am Erwerb der Sache hat. Entscheidend ist der jeweilige Zweck, den der Käufer mit dem Abschluß des Vertrages verfolgt. Dient die gekaufte Sache als Grundlage für den Erwerb eines weiteren Gutes oder soll die Sache zum Schutz anderer Rechtsgüter verwandt werden, haftet der Verkäufer nach § 463 S. 2 (480 Abs. 2), wenn diese Zwecke infolge der Mangelhaftigkeit nicht erreicht werden können.

Demgegenüber erstreckt sich die Arglisthaftung nicht auf solche Schäden, die außerhalb der dem Verkäufer bekannten Vertragserwartungen des Käufers liegen[39].

---

[36] Hier liegt der Sache nach auch der Ansatzpunkt von *Diederichsen*, AcP 165, 150 (162 f.).

[37] Dies verkennt *Larenz*, SchR II § 41 II (S. 53), wenn er bei der Haftung aus § 463 S. 2 anders als bei der Zusicherungshaftung jegliche Haftungsbegrenzung ablehnt.

[38] Vgl. *Flume*, Eigenschaftsirrtum, S. 54 f.

III. Die Haftung des Vermieters für Mängel der Mietsache nach § 538 Abs. 1

Nach § 538 Abs. 1 Alt. 1 haftet der Vermieter auf Schadensersatz wegen Nichterfüllung, wenn bereits bei Abschluß des Mietvertrages ein Mangel vorhanden war. Das Gesetz geht davon aus, daß der Vermieter mit Abschluß des Mietvertrages eine Garantie dafür übernimmt, daß die Mietsache sich in einem zu dem vertragsgemäßen Gebrauch geeigneten Zustand befindet (§ 536) und nicht mit Fehlern behaftet ist, die ihre Verwendbarkeit beinträchtigen (§ 537 Abs. 1)[40]. Die Garantiehaftung erstreckt sich damit nur auf die gebrauchsfeindlichen Mängel. Sie umfaßt alle Schäden, die das Gebrauchsinteresse des Mieters berühren. Inwieweit dies auch bei Gefahren der Fall ist, die dem Mieter vom Mietobjekt her drohen, läßt sich nicht einheitlich beantworten, sondern hängt vom jeweiligen Mietobjekt und dem damit verknüpften Mietzweck ab[41].

1. Miete von Räumen, die dem Aufenthalt von Menschen dienen

a) Wohnungsmiete

Kennzeichen der Wohnungsmiete ist, daß der Mieter sich in den gemieteten Räumen für längere Zeit aufhält und dort seine Sachen unterbringt. Der Kontakt zwischen dem Mieter und seinen Sachen zum Mietobjekt ist besonders eng. Ein störungsfreier Gebrauch ist nur möglich, wenn die Wohnung hinreichend gegen Einflüsse von außen geschützt ist und keine Sicherheitsmängel aufweist. Der Schutz von Körper, Gesundheit und Eigentum ist Teil des Gebrauchsinteresses

---

[39] Die Abgrenzung des positiven Interesses vom Integritätsinteresse spielt bei internationalen Kaufverträgen keine Rolle. Nach dem „Einheitlichen Gesetz über den Abschluß von internationalen Kaufverträgen über bewegliche Sachen" (EKG) vom 25. 7. 1973 (BGBl. I S. 853 ff.) ist bei einer Vertragsverletzung der dadurch entstandene Verlust und der entgangene Gewinn zu ersetzen. Der Schadensersatz ist jedoch auf Schäden begrenzt, die der Verkäufer bei Vertragsschluß als mögliche Folge der Vertragsverletzung hätte voraussehen müssen (Art. 82, 86). Diese Regelung gilt für die quantitative Nichterfüllung wie für die qualitative Nichterfüllung und die Erbringung von aliud-Leistungen (Art. 33). Der Käufer ist verpflichtet, die Sache innerhalb kurzer Frist auf ihre Vertragsgemäßheit hin zu untersuchen oder untersuchen zu lassen (Art. 38 Abs. 1). Er verliert das Recht, sich auf die Vertragswidrigkeit zu berufen, wenn er die Vertragswidrigkeit nicht innerhalb kurzer Frist nach dem Zeitpunkt anzeigt, in dem er sie festgestellt hat oder hätte feststellen müssen. Spätestens zwei Jahre nach Aushändigung der Sache sind sämtliche auf die Vertragswidrigkeit gestützten Ansprüche ausgeschlossen (Art. 39 Abs. 1 i. V. m. Art. 34). Im Falle arglistiger Täuschung bleibt es bei den allgemeinen Regeln. Das EKG ist insoweit nicht anwendbar (Art. 89).
[40] Vgl. Mot. II, S. 814.
[41] Vgl. *Eike Schmidt*, Nachwort, S. 161 f.

des Mieters[42]. Der Mietwert einer Wohnung hängt entscheidend davon ab, inwieweit ein Schutz gegen schädigende Einflüsse gewährleistet ist. Dieser Zusammenhang wird bestätigt durch die Regelung des § 544. Danach kann der Mieter fristlos kündigen, wenn die Benutzung mit einer erheblichen Gefährdung der Gesundheit verbunden ist. Das Gesetz berücksichtigt hier, daß bei solchen Mängeln die Fortsetzung des Mietverhältnisses für den Mieter unzumutbar sein kann. Die Beeinträchtigung des Integritätsinteresses wirkt sich unmittelbar auf das Gebrauchsinteresse aus und kann den Bestand des Vertrages gefährden.

Weil bei der Wohnungsmiete das Integritätsinteresse Teil des Gebrauchsinteresses ist, haftet der Vermieter für Schäden an Gesundheit und Eigentum, die auf einem Mangel des Mietobjekts beruhen, nach § 538 Abs. 1 auch ohne Verschulden, wenn der Mangel schon bei Abschluß des Vertrages vorhanden war. Er hat etwa für den Schaden einzustehen, den der Mieter erleidet, weil ein Rolladenkastenabdeckbrett mangelhaft befestigt ist und dem Mieter auf den Kopf fällt[43], weil sich der Deckenputz löst und Einrichtungsgegenstände beschädigt[44], weil durch eine undichte Rauchrohröffnung heiße Gase austreten und einen Brand verursachen[45] oder durch morsche Elektroleitungen ein Kurzschluß entsteht, der einen Brand auslöst[46]. Der Vermieter kann solche Sicherheitsmängel eher erkennen als der Mieter, der die Mietsache nur vorübergehend nutzt und im einzelnen nicht weiß, wie alt die verlegten Elektroleitungen sind, welche baulichen Veränderungen vorgenommen wurden und ob die vor der Mietzeit angefallenen Reparaturen sachgemäß durchgeführt wurden[47]. Der Vermieter kann sich gegen solche Gefahren gegebenenfalls versichern und die Kosten über den Mietzins auf den Mieter abwälzen. Der Mieter zahlt dann für seine Sicherheit einen Preis, und es erscheint nicht ungerecht, wenn der Vermieter als Herr des Mietobjektes verschärft haftet[48].

b) Miete von Geschäftslokalen, Versammlungsräumen o. ä.

Entsprechendes wie für die Wohnungsmiete gilt für die Miete sonstiger Räume, die zum Aufenthalt von Menschen dienen, wie die Miete

---

[42] Ebenso *Eike Schmidt*, a.a.O.
[43] Vgl. RGZ 81, 200.
[44] Vgl. BGHZ 48, 88 (90).
[45] Vgl. BGH NJW 1968, 885.
[46] Vgl. BGH NJW 1972, 944 = LM Nr. 20 zu § 537.
[47] Regelmäßig gehen Sicherheitsmängel auf solche Ursachen zurück. Vgl. die Sachverhaltsgestaltung in den Fällen RGZ 81, 200 (mangelhafte Reparatur), BGH NJW 1968, 885 (bauliche Veränderung), BGH NJW 1972, 944 (fehlerhafte Montage).
[48] Unzutreffend daher *Enneccerus / Lehmann*, SchR § 128 III 2.

eines Geschäftslokals oder eines Versammlungsraums. Hier dürfte die Sicherheit sogar häufig eine größere Rolle spielen als bei der Wohnungsmiete, da sich viele Personen in solchen Räumen aufhalten und Einflüssen des Mietobjekts ausgesetzt sind. Demgegenüber tritt das Interesse am Schutz vor Witterungseinflüssen und störenden Immissionen vielfach zurück.

2. Miete von Räumen und Plätzen zur Aufbewahrung von Sachen

a) Miete von Lagerräumen

Anders als bei der Miete von Räumen, die dem Aufenthalt von Menschen dienen, ist die Interessenlage bei der Miete von Abstellräumen oder Lagerhallen. Ziel des Mietvertrages ist es hier, eine sichere Aufbewahrung von Sachen zu gewährleisten. Für Beeinträchtigungen dieses Interesses haftet der Vermieter nach § 538 Abs. 1 auch ohne Verschulden. Schäden an dem eingelagerten Gut durch mangelhafte Feuchtigkeitsisolierung etwa hat er auch dann zu ersetzen, wenn ihm kein Sorgfaltsverstoß zur Last zu legen ist[49]. Etwas anderes gilt für eine Körper- oder Gesundheitsverletzung, die der Mieter etwa auf einer morschen Treppe erleidet. Der Gesundheitsschutz liegt bei der Miete von Lager- und Abstellräumen regelmäßig außerhalb des Interesses, das der Mieter an dem Gebrauch des Mietobjekts hat und fällt damit auch nicht unter die Garantiehaftung des § 538 Abs. 1. Verletzt ist das allgemeine Interesse, das der Mieter am Schutz seiner Gesundheit hat. Dafür haftet der Vermieter wie jeder andere nur dann, wenn er schuldhaft seine Sorgfaltspflicht verletzt hat.

b) Miete von Abstellplätzen

Problematisch erscheint, ob bei der Miete eines Abstellplatzes der Schutz der abgestellten Sachen in die Garantiehaftung nach § 538 Abs. 1 einbezogen ist. Das OLG Koblenz[50] hat bei einem Campingplatz entschieden, daß der Vermieter für Schäden durch einen herabfallenden Baumast nur bei Verschulden aus dem Gesichtspunkt einer positiven Vertragsverletzung einzustehen hat. Demgegenüber vertritt der BGH[51] für einen Hotelparkplatz die Auffasung, derartige Schäden würden durch die Garantiehaftung nach § 538 Abs. 1 erfaßt.

Im Ergebnis dürfte der Meinung des BGH zuzustimmen sein[52]. Der Mieter eines Parkplatzes vertraut darauf, daß er seinen Wagen gefahr-

---

[49] Vgl. BGH NJW 1971, 424.
[50] NJW 1966, 2017.
[51] NJW 1975, 645 (646).
[52] Kritisch zur Entscheidung des OLG Koblenz *Hoffmann*, NJW 1967, 50.

los abstellen kann. Er kennt den Parkplatz im Unterschied zu dem Vermieter nicht näher und kann nicht beurteilen, ob ein Baum, unter dem er parkt, morsch ist. Die Gefahrenfreiheit gehört nach den Umständen mit zur Leistungspflicht des Vermieters. Will er für derartige Risiken nicht haften, muß er seine Haftung ausschließen.

Eine Ausnahme läßt sich nur dann denken, wenn die Gefahr nur unter außergewöhnlichen Umständen wirksam werden kann, wie etwa bei einem Unwetter[53]. Hier stellt sich die Frage, ob überhaupt ein Mangel des Mietobjekts vorliegt. Dies wird man mit dem BGH[54] verneinen können. Auf diese Weise gelangt man schon vom Tatbestand her zu einer sachgerechten Haftungsbegrenzung, ohne dem Gesetz Gewalt antun zu müssen[55].

3. Miete von Gegenständen, deren Benutzung eine erhebliche Gefahr mit sich bringt

Eine besondere Rolle spielt die Sicherheit dann, wenn mit der Benutzung des gemieteten Gegenstandes typischerweise gewisse Gefahren verbunden sind. Bei der Fahrt mit einem Autoscooter besteht etwa die Gefahr, mit anderen Fahrzeugen zusammenzustoßen oder angerempelt zu werden. Der Benutzer erwartet, daß der Vermieter alles getan hat, um die Verletzungsgefahr so gering wie möglich zu halten. Der Schutz vor vermeidbaren Verletzungen gehört mit zu den Pflichten, die der Vermieter nach § 536 zu erfüllen hat. Bietet der Autoscooter keine hinreichende Sicherheit, hat der Unternehmer nach § 538 Abs. 1 unabhängig von einem Verschulden für eine Körperverletzung einzustehen[56].

---

[53] Vgl. BGH NJW 1971, 424 (425).
[54] BGH NJW 1971, 425.
[55] Irgendwelche außergewöhnliche Witterungsumstände lagen in dem vom OLG Koblenz entschiedenen Fall nicht vor. Allerdings befand sich der fragliche Baum, von dem der Ast herabgestürzt war, im Unterschied zu dem vom BGH entschiedenen Fall nicht auf dem Parkplatz selber, sondern ragte vom Nachbargrundstück auf den Campingplatz. Die Gefährdung beruhte also auf Umständen, die von außen auf das Mietobjekt einwirkten. In einem solchen Fall kann man von einem Mangel i. S. d. § 537 nur dann sprechen, wenn der Abstellplatz gegen derartige Einwirkungen nicht hinreichend gesichert war. Was als hinreichend anzusehen ist, hängt von den jeweiligen Umständen ab. Ohne irgendwelche Anhaltspunkte — und solche lagen nach den Feststellungen des OLG nicht vor — ist der Vermieter nicht verpflichtet, Schutzvorkehrungen zu treffen. Ihr Fehlen stellt dann auch keinen Mangel dar (vgl. BGH NJW 1971, 424, 425). Insofern kann dem OLG Koblenz im Ergebnis zugestimmt werden, wenn es die Klage des Mieters abgewiesen hat.
[56] Ebenso BGH NJW 1962, 908; a. A. *Todt*, Schadensersatzansprüche, S. 169: Haftung aus positiver Vertragsverletzung.

Entsprechendes gilt bei der Miete einer Kegelbahn. Die Benutzung erfordert hier einen gewissen körperlichen Einsatz. Die Kegelbahn ist nur dann ordnungsgemäß zu benutzen, wenn man sicher anlaufen kann. Auch hier wird die Sicherheit vom Gebrauchsinteresse mit umfaßt. Daher haftet der Vermieter auch nach § 538 Abs. 1 für einen Unfallschaden, den ein Mieter dadurch erleidet, daß der Bodenbelag durch das sich niederschlagende Schwitzwasser rutschig geworden ist. Ob der Vermieter den Sicherheitsmangel vorher erkennen konnte, ist nicht erheblich[57].

Besondere Gefahren ergeben sich vor allem bei der Benutzung eines Kraftfahrzeuges im Straßenverkehr. Der Mieter ist hier auf ein sicheres Fahrzeug angewiesen. Der Vermieter erfüllt daher seine Leistungspflicht nur dann ordnungsgemäß, wenn er dem Mieter ein sicheres Fahrzeug überläßt. Für die Verletzung dieser Pflicht hat er dann nach § 538 Abs. 1 auch ohne Verschulden einzustehen. Die Schadensersatzpflicht ist entsprechend dem Sicherheitsinteresse des Mieters auch auf den Ersatz von Schäden gerichtet, die der Mieter durch einen Verkehrsunfall erleidet.

4. Miete sonstiger Gegenstände

Denkbar ist auch, daß der Schutz der Rechtsgüter des Mieters außerhalb der Leistungspflicht des Vermieters liegt wie etwa bei der Vermietung einer Hauswand zu Werbungszwecken[58]. Das Gebrauchsinteresse des Mieters ist hier darauf beschränkt, an der Wand Werbesprüche oder -plakate anbringen zu können. Dieses Interesse wird nicht berührt, wenn sich etwa aus der Wand ein Stein löst und zufällig dem Mieter auf den Kopf fällt. Dies hätte jedem anderen auch passieren können. Verletzt ist das allgemeine Integritätsinteresse. Dafür haftet der Vermieter aus § 823 Abs. 1 und aus positiver Vertragsverletzung nur, wenn ihn hinsichtlich der Verletzung ein Verschulden trifft. Es ist kein Grund ersichtlich, warum der Mieter in diesem Fall eher Ersatz verlangen können sollte als etwa der Käufer, der durch eine gefährliche Sache verletzt wird. Die Garantiehaftung nach § 538 Abs. 1 kann sich sinnvollerweise nur auf die Freiheit von solchen Mängeln beziehen, die auf den Gebrauchswert des Mietobjekts einen Einfluß haben.

Aus diesem Grunde ist auch der Vermieter eines Buches nicht ohne Verschulden dafür haftbar, daß sich der Leser mit einer Krankheit infiziert[59]. Die Lesbarkeit des Buches wird in keiner Weise tangiert, wenn sich daran Krankheitserreger befinden. Der Mieter eines Buches

---

[57] Ebenso BGH MDR 1972, 411 = LM Nr. 19 zu § 537.
[58] Vgl. *Eike Schmidt*, Nachwort, S. 162.
[59] Ebenso im Ergebnis *Siber*, SchR § 56 IV 2 c (S. 283); *Diederichsen*, AcP 165, 150 (167).

erwartet auch nicht, daß der Vermieter ihm ein keimfreies Buch überläßt. Er weiß, daß das Buch schon durch andere Hände gegangen ist und vor der erneuten Ausleihe nicht jedesmal desinfiziert wird. Schließlich bezahlt er auch nur dafür, daß er das Buch lesen kann. Will er sich vor einer möglichen Infektionsgefahr schützen, so muß er sich eine besondere Zusicherung geben lassen. Freilich wird er dann für die Ausleihe auch einen höheren Preis zu entrichten haben.

IV. Die Haftung des Unternehmers nach § 635

Nach § 635 kann der Besteller Schadensersatz wegen Nichterfüllung verlangen, wenn das Werk mangelhaft ist und der Unternehmer den Mangel zu vertreten hat. Der Schadensersatzanspruch wegen Nichterfüllung stellt einen Ausgleich dafür dar, daß das Werk infolge der Mangelhaftigkeit in seinem Wert gemindert ist und vom Besteller nicht in der vorgesehenen Weise genutzt werden kann[60]. Sein Umfang hängt von der Art des Werkes und dem damit verbundenen Verwendungsinteresse des Bestellers ab[61]. Dabei lassen sich verschiedene Fallgruppen unterscheiden:

1. Werkverträge, die auf ein Werk gerichtet sind, das den Besteller vor Schäden an Körper, Gesundheit und Eigentum schützen soll

Häufig verfolgt der Besteller mit dem Werk den Zweck, andere Rechtsgüter vor Schäden zu bewahren. So lag der Sachverhalt etwa im „Kühlanlagenfall"[62]. Der Besteller hatte sich eine Kühlanlage bauen lassen, um Fleisch einlagern zu können. Infolge eines Mangels fiel die Anlage aus, das Fleisch verdarb. Wie das RG im Ergebnis zutreffend erkannt hat, umfaßt der Schadensersatzanspruch wegen Nichterfüllung nach § 635 in diesem Fall auch den Schaden an dem Fleisch. Denn das Interesse des Bestellers an der Nutzung der Kühlanlage war gerade darauf gerichtet, Fleisch über längere Zeit einlagern zu können, ohne daß dieses verdirbt. Diese Funktion hat die Kühlanlage nicht erfüllt.

---

[60] Vgl. § 633 Abs. 1, der entscheidend auf diese beiden Gesichtspunkte abstellt. Hinzu kommt das Fehlen zugesicherter Eigenschaften. Insoweit gilt das gleiche wie beim Kauf: Der Umfang des Schadensersatzanspruches wegen Nichterfüllung richtet sich nach dem Interesse, das der Besteller am Vorhandensein der zugesicherten Eigenschaft hat. Vgl. in diesem Zusammenhang etwa die Entscheidung des OLG Düsseldorf, NJW 1972, 58, in der es um die waschechte Einfärbung von Reißverschlußbändern ging. Zu Recht hat das OLG hier angenommen, der Schadensersatzanspruch nach § 635 umfasse auch den Schaden, der dadurch entsteht, daß die Bänder beim Waschen auslaufen und die Kleidungsstücke verderben, in denen sie eingearbeitet sind.

[61] Vgl. auch *Schubert*, JR 1975, 179 ff.

[62] RGZ 71, 173.

Als Ersatz steht dem Besteller ein entsprechender Schadensersatzanspruch „wegen Nichterfüllung" zu.

Auf der gleichen Linie liegt eine Entscheidung des OLG Stettin aus dem Jahre 1942[63]. Dort ging es um Korrosionsschäden an Rohren, die infolge mangelhaft durchgeführter Isolierungsarbeiten entstanden waren. Zutreffend führt das OLG aus, der Schaden an den Rohren falle unter den Schadensersatzanspruch wegen Nichterfüllung nach § 635, da die Isolierung gerade den Zweck gehabt habe, Korrosionsschäden durch eindringende Feuchtigkeit zu verhindern.

Entsprechendes muß gelten, wenn ein Abflußrohr an einem Spülstein mangelhaft installiert wird und infolge der Undichtigkeit Hausschwamm am Mauerwerk auftritt[64]. Das Abflußrohr dient dazu, das Wasser ordnungsgemäß abzuleiten. Das Rohr hat dabei auch den Zweck, das Mauerwerk vor Feuchtigkeitsschäden zu schützen. Das Wasser soll nicht irgendwie, sondern gerade und ausschließlich durch das Rohr abfließen[65]. Der Schutz des Mauerwerks ist daher mit in das Leistungsinteresse des Bestellers einbezogen. Seine Beschädigung wird somit auch von der Schadensersatzhaftung wegen Nichterfüllung nach § 635 erfaßt[66].

Ebenso sind die Fälle zu entscheiden, in denen die Reparatur einer Sicherheits- oder Schutzeinrichtung mangelhaft durchgeführt wird. Der Dachdecker dichtet das Dach, durch das es einregnet, nicht richtig ab; dadurch werden die Möbel des Bestellers beschädigt[67]. Oder die Bremsen eines Autos werden nur unzulänglich instandgesetzt; der Besteller kann infolgedessen nicht rechtzeitig bremsen und erleidet einen Unfall. Auch hier dient das Werk dem Schutz des Bestellers. Der Schutz von Gesundheit und Eigentum ist Teil seines Leistungsinteresses, für dessen Verletzung der Unternehmer nach § 635 einzustehen hat.

2. Werkverträge, die auf ein Werk gerichtet sind, das dem Besteller zur Herstellung anderer Güter dienen soll

Außer zum Schutz und zur Bewahrung vorhandener Rechtsgüter kann sich der Besteller ein Werk auch mit dem Ziel anfertigen lassen, damit andere Gegenstände herzustellen.

---

[63] HRR 1942 Nr. 274.
[64] a. A. aber RG Warn 1920 Nr. 33 (S. 44).
[65] Unzutreffend daher das RG a.a.O., wenn es ausführt, die Rohre seien zu dem Zweck, zu dem sie bestimmt seien, tauglich. Zu Recht zeigt sich *Todt* (Schadensersatzansprüche, S. 81) von der Begründung des RG „verblüfft".
[66] Ebenso im Ergebnis *Ballerstedt*, Festschrift für Larenz, S. 717 (731), der auf die Parallele zum Kühlanlagenfall RGZ 71, 173 hinweist.
[67] Vgl. *Eike Schmidt*, Nachwort, S. 163.

a) Dies gilt einmal für *Maschinen*, die der Besteller in seinem Betrieb einsetzen will. So hatte das OLG Hamm[68] den Fall zu entscheiden, daß ein Sägegatter mangelhaft hergestellt worden war und Verschnitt erzeugte. Das OLG hat der Klage des Bestellers auf Ersatz des verschnittenen Holzes aus § 635 stattgegeben und dabei zu Recht berücksichtigt, daß das Sägegatter seinem Verwendungszweck nach dazu dienen sollte, Holz in bestimmter Weise zuzuschneiden. Der Schaden beruht gerade darauf, daß die Maschine nicht funktionsgerecht arbeitet[69].

b) Zum anderen zählen zu dieser Fallgruppe *Pläne und Berechnungen*, die sich jemand als Grundlage für die Errichtung eines Bauwerks anfertigen läßt. Im Ergebnis durchaus zutreffend steht hier die Rechtsprechung[70] auf dem Standpunkt, daß der Architekt, Statiker oder Vermessungsingenieur für Mängel am Bauwerk infolge fehlerhafter Pläne und Berechnungen nach § 635 und nicht etwa aus positiver Vertragsverletzung haftet. Mit Hilfe einer funktionalen Betrachtungsweise läßt sich dies einleuchtend erklären[71]. Das Interesse des Bauherrn an der Anfertigung des Bauplans oder der statischen Berechnungen erschöpft sich nicht darin, diese als solche zu besitzen, sondern ihm kommt es entscheidend darauf an, ein Bauwerk errichten zu können. Dieser Zweck kann nicht erreicht werden, wenn die Pläne falsch und die Berechnungen fehlerhaft sind. Die Mängel am Bauwerk berühren nicht das Interesse am Schutz der vorhandenen Rechtsgüter vor Eingriffen von außen, sondern das Verwendungsinteresse, das der Bauherr an dem Plan oder der Berechnung hat. Für die Verwirklichung dieses Interesses hat der Architekt nach § 635 einzustehen[72].

---

[68] VersR 1962, 432.

[69] Als Vergleich führt das OLG den Fall an, daß ein Weinfaß mangelhaft hergestellt ist und der Most ausläuft. Dieser Fall fällt nach der hier vertretenen Auffassung unter die erste Fallgruppe.

[70] BGHZ 37, 341; 48, 257; 58, 225; NJW 1972, 625.

[71] Vgl. auch *Schubert*, JR 1975, 179 (183).

[72] Der Schadensersatzanspruch des Bauherrn verjährt nach BGHZ 37, 341 (344) gem. § 638 in der für Bauwerke geltenden Frist von 5 Jahren. Der Grund liegt darin, daß die Planungs- oder Berechnungsmängel erst im Bauwerk erkennbar werden. Weiterhin sollen Architekten und Statiker verjährungsmäßig nicht günstiger behandelt werden als die Bauhandwerker. Beide Gruppen tragen aus der Sicht des Bauherrn gleichermaßen zur Errichtung des Bauwerks bei (vgl. *Schlechtriem*, VersR 1973, 581, 591). Widersprüchlich erscheint dann freilich, daß die Verjährungsfrist nach Auffassung des BGH (BGH NJW 1974, 95) bereits mit der Abnahme des Entwurfs beginnt. Konsequenter wäre es, auf die Fertigstellung des Bauwerks (so *Schubert*, BB 1975, 585, 586) oder dessen Abnahme abzustellen.

IV. Haftung des Unternehmers 75

3. Werkverträge über die Anfertigung eines Gutachtens

a) Der Vermögensfolgeschaden als Nichterfüllungsschaden

Gegenstand eines Werkvertrages kann auch die Anfertigung eines Gutachtens sein[73]. Der Besteller erhofft sich davon Auskunft über bestimmte Fragen, die für ihn im Hinblick auf eine beabsichtigte Vermögensdisposition von Bedeutung sind. Fälle aus der Rechtsprechung sind der Grundstückstaxator, der den Wert eines Grundstücks unter Berücksichtigung der vorhandenen Belastungen abschätzen[74], die Bank, die eine Kreditauskunft erteilen[75] oder der Rechtsanwalt, der ein Rechtsgutachten über eine erbrechtliche Frage anfertigen[76] soll.

Entgegen der Auffassung des RG und des BGH sind Vermögensschäden, die der Besteller infolge eines fehlerhaften Gutachtens erleidet, als Nichterfüllungsschäden nach § 635 anzusehen[77]. Nicht anders als der Plan eines Architekten dient das Gutachten als Grundlage für die weiteren Vermögensdispositionen des Bestellers[78]. Auch hier besteht ein funktionaler Zusammenhang zwischen dem Mangel und dem Schaden. Das Gutachten erfüllt nicht den Zweck, den es nach dem Inhalt des Vertrages haben soll, nämlich den Besteller vor einer nachteiligen Vermögensdisposition, etwa dem Kauf eines Grundstücks oder der Gewährung eines Kredits, zu schützen.

b) Verjährung

Die Einordnung des Vermögensfolgeschadens bei fehlerhaften Gutachten unter den Schadensersatzanspruch wegen Nichterfüllung führt freilich dazu, daß auch die kurze Verjährungsfrist von 6 Monaten seit Abnahme gem. § 638 Anwendung findet. Dies hat zur Folge, daß der Besteller in vielen Fällen leer ausgeht. Der Besteller kann die Fehlerhaftigkeit des Gutachtens häufig nicht innerhalb der Sechsmonatsfrist des § 638 erkennen. Er verfügt nicht über die notwendigen Fachkenntnisse, um das Gutachten überprüfen zu können[79]. Die Fehlerhaftigkeit wird für ihn erst offenbar, wenn der Schaden eingetreten ist. Dann ist es aber für einen Schadensersatzanspruch nach § 635 vielfach zu spät.

---

[73] Vgl. RGZ 64, 41; 115, 122; BGH NJW 1965, 106; NJW 1976, 1502.
[74] RGZ 64, 41; ähnl. BGH NJW 1976, 1502 (Wertschätzung durch einen Architekt).
[75] RGZ 115, 122.
[76] BGH NJW 1965, 106.
[77] Ebenso *Schubert*, JR 1975, 179 (183 f.); BB 1975, 585; *Honsell*, JuS 1976, 621 (622).
[78] Gegen eine Differenzierung auch *Todt*, Schadensersatzansprüche, S. 97 f.; *Ballerstedt*, Festschrift für Larenz, S. 717 (729).
[79] Diesen Gesichtspunkt betont *Ballerstedt*, a.a.O., S. 725.

Dies erfordert eine Korrektur der Verjährungsregelung in diesen Fällen. Für eine solche Korrektur lassen sich außer der Unbilligkeit, die mit einer strikten Anwendung des § 638 verbunden wäre, zwei weitere Gründe ins Feld führen: Die Verjährungsregelung des § 638 ist, wie die Differenzierung zwischen Arbeiten an Grundstücken, Bauwerken und sonstigen Werken zeigt, primär auf Sachwerke zugeschnitten. Hier besteht anders als bei dem geistigen Werk eines Gutachters grundsätzlich die Möglichkeit, einen Mangel innerhalb der Fristen des § 638 zu erkennen[80]. Zum anderen werden Gutachten regelmäßig schriftlich niedergelegt. Auch nach längerer Zeit lassen sich mögliche Fehler ohne nennenswerte Schwierigkeiten nachweisen. Damit entfällt ein wesentlicher Grund, der zur Einführung der kurzen Verjährungsfrist geführt hat[81].

In einem ähnlichen Fall ist der BGH[82] im Kaufrecht bereits den Weg der Korrektur der entsprechenden Verjährungsfrist des § 477 gegangen. Dort ging es um ein Anleitungsbuch, das Rechtsauskünfte über die Errichtung von Nottestamenten enthielt. Der BGH hat sich hier im Anschluß an einen Vorschlag von *Larenz*[83] dafür ausgesprochen, die Verjährungsfrist erst mit dem Zeitpunkt beginnen zu lassen, in dem der Käufer den Eintritt des Schadens erkennen kann und in der Lage ist, seinen Schadensersatzanspruch in einer zur Verjährungsunterbrechung geeigneten Weise geltend zu machen.

Diese Lösung läßt sich für die Fälle fehlerhafter Gutachten auch auf das Werkvertragsrecht übertragen[84]. Sie stellt einen Kompromiß zwischen dem Wortlaut des § 638 und der besonderen Interessenlage dar, wie sie bei Vermögensschäden infolge fehlerhafter Gutachten gegeben ist. Sie hat zudem den Vorteil, daß sie an eine Wertung anknüpft, die in § 638 selbst enthalten ist. Wenn § 638 bei Arbeiten an einem Grundstück und bei Bauwerken eine längere Verjährungsfrist als bei

---

[80] Vgl. *Schlechtriem*, VersR 1973, 581 (591).
[81] Vgl. *Ballerstedt*, Festschrift für Larenz, S. 717 (725 f.) unter Hinweis auf Mot. II, S. 486.
[82] BGH NJW 1973, 843 (845).
[83] SchR II § 41 II e (S. 60 Fn. 2) und § 53 II b (S. 230 f.) bezüglich Ansprüchen aus positiver Vertragsverletzung auf Ersatz von Mangelfolgeschäden.
[84] Wie hier *Ballerstedt*, Festschrift für Larenz, S. 725, 730; *Jakobs*, JuS 1975, 76 (81); *Medicus*, BürgR § 15 VII 2 d; ähnlich auch *Schubert*, JR 1975, 179 (184); BB 1975, 585 (586), der auf den Zeitpunkt des Schadenseintritts abstellt. Ablehnend BGH NJW 1976, 1502 (1503) mit der Begründung, es würden in unzulässiger Weise die Merkmale des § 852 Abs. 1 auf § 638 übertragen. Der BGH übersieht, daß es sich um eine aus § 638 selbst entwickelte und von der Interessenlage gebotene Gesetzeskorrektur handelt. Eine solche Korrektur ist sachgerechter als die vom BGH befürwortete Einschränkung des Schadensbegriffs in § 635, weil sie unmittelbar dort ansetzt, wo die gesetzliche Regelung nicht paßt. Vgl. *Honsell*, JuS 1976, 621 (622).

IV. Haftung des Unternehmers 77

anderen Werken vorsieht, so augenscheinlich deshalb, weil hier Mängel innerhalb der Regelverjährungsfrist von 6 Monaten, beginnend mit der Abnahme des Werkes, häufig nicht erkannt werden können[85]. Dieser Ansatzpnkt wird lediglich fortentwickelt.

4. Beförderungsverträge und andere Verträge, bei denen der Schutz der Rechtsgüter des Bestellers außerhalb des Leistungszwecks liegt

a) Mit dem Abschluß eines Beförderungsvertrages verfolgt der Besteller das Ziel, an einen bestimmten Ort zu gelangen. Das RG[86] hat hier in ständiger Rechtsprechung die Auffassung vertreten, daß Schäden an Körper, Gesundheit und Eigentum im Zusammenhang mit einem Beförderungsunfall nicht in den Regelungsbereich der Schadensersatzhaftung wegen Nichterfüllung nach § 635 fallen, sondern aus positiver Vertragsverletzung zu ersetzen sind. Zutreffend erkennt das RG, daß diese Schäden darauf beruhen, daß der Fahrer die im Verkehr erforderliche Sorgfalt nicht beachtet und die Passagiere gefährdet hat[87]. Verletzt ist insoweit eine vertragliche Schutzpflicht. Diese Art von Pflichtverletzung wird von § 635 nicht erfaßt[88]. Diese Vorschrift greift nur ein, soweit das Erfüllungsinteresse tangiert ist. Dies ist bei einem Beförderungsunfall nur bezüglich des Schadens der Fall, den ein Passagier dadurch erleidet, daß er nicht an das gewünschte Ziel gelangt, nicht aber bezüglich der eingetretenen Verletzung. Diese berührt ausschließlich das Integritätsinteresse und ist daher auch nur aus dem Gesichtspunkt einer positiven Vertragsverletzung auszugleichen[89].

b) Entsprechendes wie für den Körper- oder Sachschaden infolge eines Beförderungsunfalls gilt in der Vielzahl von Fällen, in denen von einem Werk eine Gefahr für die Rechtsgüter des Bestellers ausgeht. Beispiele aus der Rechtsprechung sind etwa der Unfall mit einem Klavierstuhl, dessen Beine mangelhaft befestigt waren[90], der Brandschaden durch eine mangelhafte Ölfeuerungsanlage[91], der Körperschaden durch ein mangelhaft errichtetes Bauwerk[92] oder der Wasserschaden durch das Platzen eines fehlerhaft installierten Heizkörpers[93].

---

[85] Vgl. *Jakobs*, JuS 1975, 76 (78 f.).
[86] RGZ 62, 119; 66, 12; 109, 195.
[87] Vgl. RGZ 62, 119.
[88] Die Leistungspflicht umfaßt nach RGZ 66, 12 (16) zutreffend nur die Beförderung an ein bestimmtes Ziel, nicht aber die Bewahrung vor Unfallgefahren.
[89] Daneben tritt die Haftung aus § 823 Abs. 1.
[90] RG JW 1911, 444 = Warn 1911 Nr. 235.
[91] BGH VersR 1972, 692 = DB 1972, 1161.
[92] BGH VersR 1971, 84 = WM 1970, 1483 (Wendeltreppe).
[93] BGH VersR 1962, 480.

Zutreffend hat die Rechtsprechung diese Schäden unter die Haftung aus positiver Vertragsverletzung eingeordnet[94]. Der Unternehmer haftet hier nicht, weil das Werk nicht den vorgesehenen Nutzen hat, sondern weil er durch Erbringung einer gefährlichen Leistung in die Rechtsgütersphäre des Bestellers eingegriffen hat. Das Erfüllungsinteresse beschränkt sich in diesen Fällen darauf, auf dem Klavierstuhl sitzen und Klavier spielen zu können, Wärme zu erhalten und das Bauwerk zum vorgesehenen Zweck nutzen zu können[95]. Der Schutz von Körper, Gesundheit und Eigentum liegt demgegenüber außerhalb des Leistungszwecks, den der Besteller verfolgt, und damit außerhalb des Schutzbereichs der Schadensersatzhaftung wegen Nichterfüllung nach § 635.

c) Schwierigkeiten können bei der Abgrenzung des Schadensersatzanspruches nach § 635 von der Haftung aus positiver Vertragsverletzung dann auftauchen, wenn durch die mangelhafte Ausführung des Werks andere Teile einer einheitlichen Sache in Mitleidenschaft gezogen werden. So hatte der BGH[96] den Fall zu entscheiden, daß ein Achsaggregat fehlerhaft an den Längsträger eines LKW's montiert worden war und dadurch Rahmenrisse entstanden waren. Der BGH hat angenommen, daß der Schaden an dem Rahmen wegen des engen und unmittelbaren Zusammenhangs mit der mangelhaften Montage unter § 635 fällt. Zur Begründung hat er ausgeführt, das Achsaggregat sei an den Längsträgern zu befestigen gewesen. Der Unternehmer habe daher ein Werk geschuldet, in das das Fahrgestell mit den Längsträgern einbezogen gewesen sei.

Dies erscheint jedoch sehr zweifelhaft. Inhalt des Werkvertrages war die Montage des Aggregats. Das Erfüllungsinteresse des Bestellers bestand lediglich darin, das Aggregat montiert zu erhalten und dieses benutzen zu können. Die Rahmenrisse berühren nur das Interesse des Bestellers daran, durch die mangelhafte Leistung keinen Schaden an seinen Rechtsgütern zu erleiden. Dieses Interesse kann der Besteller nur über die Haftung aus positiver Vertragsverletzung und aus Delikt[97]

---

[94] Zustimmend *Schubert*, JR 1975, 179 (183).

[95] Inwieweit für entgangene Gebrauchsvorteile im Rahmen des § 635 Schadensersatz in Geld zu gewähren ist, kann hier nicht näher erörtert werden. Die Rechtsprechung neigt dazu, bei Gebrauchsvorteilen, die durch besondere Aufwendungen erkauft sind, einen materiellen Schaden anzunehmen. So hat das OLG Köln (NJW 1974, 560) Schadensersatz in Geld für die mangelnde Benutzbarkeit des erbauten Schwimmbads zugesprochen, der BGH (NJW 1975, 40) für die Beeinträchtigung des mit einer Reise verfolgten Erholungszwecks.

[96] BGHZ 55, 393 = DB 1971, 813 = NJW 1971, 1131.

[97] Der BGH hat in der genannten Entscheidung eine Haftung des Unternehmers nach § 823 Abs. 1 wegen einer Eigentumsverletzung bejaht. Er be-

ersetzt verlangen, nicht aber mit Hilfe eines Schadensersatzanspruches wegen Nichterfüllung.

Anders ist zu entscheiden, wenn die Montage oder Reparatur nicht durchgeführt werden kann, ohne daß andere Teile in Mitleidenschaft gezogen werden[98]. In einem solchen Fall ist der Werkunternehmer nach dem Inhalt des Vertrages verpflichtet, die beschädigten Teile wiederherzustellen. Die Wiederherstellung gehört mit zum geschuldeten Leistungserfolg und wird vom Leistungsinteresse des Bestellers mit umfaßt. Unterläßt der Unternehmer die Herstellung, so haftet er nach § 635 auf Schadensersatz wegen Nichterfüllung[99].

Zusammenfassung

Der Umfang der Haftung des Unternehmers nach § 635 hängt von den Zielen ab, die der Besteller mit dem Abschluß des Werkvertrages verfolgt. Zweck des Werkvertrages kann es auch sein, die Rechtsgüter des Bestellers vor Schäden zu bewahren, so etwa bei einer Reparatur zur Abwendung einer Gefahr oder der Anbringung eines Anstrichs zum Schutz vor Korrosion. Der Schutz des Integritätsinteresses ist in diesen Fällen Teil des Erfüllungsinteresses des Bestellers und wird von der Haftung des Unternehmers nach § 635 mit umfaßt.

Entsprechendes gilt, wenn das Werk bestimmungsgemäß zur Herstellung anderer Güter dient wie etwa eine Maschine, die im Betrieb des Bestellers eingesetzt werden soll, oder der Plan eines Architekten, der seine Verwirklichung in einem Bauwerk finden soll. Auch hier geht das Erfüllungsinteresse über den Erwerb des Werks als solches hinaus und ist auf die Verwirklichung weitergehender Ziele gerichtet. Die Schadensersatzhaftung wegen Nichterfüllung nach § 635 dient als Ausgleich dafür, daß der Besteller infolge der Mangelhaftigkeit die vorgesehenen Ziele nicht erreichen kann. Die Haftung erstreckt sich daher auch auf Schäden an den hergestellten Produkten oder dem Bauwerk, das der Besteller nach dem mangelhaften Plan errichten läßt.

Ebenso haftet ein Sachverständiger nach § 635 für den Vermögensschaden, den der Besteller infolge eines fehlerhaften Gutachtens oder einer fehlerhaften Rechtsauskunft erleidet. Denn Sinn des Gutachtens ist es gerade, einen derartigen Schaden zu verhindern. Allerdings be-

---

stätigt damit selber, daß der Schaden nicht auf der Verletzung der Leistungspflicht des Unternehmers beruht.
[98] Vgl. *Schlechtriem*, VersR 1973, 592.
[99] Ein Anspruch aus § 823 Abs. 1 wegen Verletzung des Eigentums dürfte demgegenüber ausscheiden, da es an einem rechtswidrigen Eingriff fehlt. Die Unterlassung der Wiederherstellung des Eigentums stellt lediglich eine Vertragsverletzung dar.

darf die Verjährungsvorschrift des § 638 in diesen Fällen einer Korrektur in der Weise, daß die Frist von 6 Monaten erst zu laufen beginnt, wenn der Besteller die Mangelhaftigkeit des Gutachtens oder der Auskunft erkennen kann.

Verfolgt der Besteller mit dem Werk keinen besonderen Schutz- oder Erwerbszweck, so fallen Schäden an anderen Rechtsgütern durch Mängel des Werkes nicht in den Regelungsbereich des § 635. Dies gilt für einen Körper- oder Sachschaden infolge eines Beförderungsunfalls ebenso wie für die Verletzung von Körper, Gesundheit und Eigentum infolge eines mangelhaften Sachwerkes. Der Unternehmer haftet hier aus dem Gesichtspunkt einer positiven Vertragsverletzung, weil er durch die Erbringung einer mangelhaften Leistung in die Rechtsgütersphäre des Bestellers eingegriffen und seine Schutzpflichten verletzt hat.

E. Die Einordnung besonderer Schadenstypen

I. Haftpflichtschäden

Der Besteller eines Werkes kann einen Schaden auch dadurch erleiden, daß er einem Dritten wegen der Mangelhaftigkeit ersatzpflichtig wird. In einem vom BGH[1] entschiedenen Fall mußte der Besteller einer Anlage für bewegliche Bildreklame seinem Abnehmer den Kaufpreis zurückzahlen und die Anlage zurücknehmen, weil diese den Anforderungen nicht gewachsen war und beim Betrieb ausfiel. Weiterhin mußte er die Reklamegebühren erstatten, die der Käufer an ein Straßenbahnunternehmen gezahlt hatte, um mit der Anlage auf Straßenbahnzügen Werbung betreiben zu können.

In einer anderen Entscheidung[2] ging es um einen Architekten, der mit der Planung eines Hauses beauftragt war und zur Anfertigung der statischen Berechnungen einen Statiker hinzugezogen hatte. Dieser hatte dabei einen Fehler gemacht. Infolgedessen waren Risse an dem Bauwerk aufgetreten. Der Architekt war daraufhin vom Bauherrn auf Ersatz der Mangelbeseitigungskosten in Anspruch genommen worden und verlangte nunmehr seinerseits vom Statiker Erstattung der Aufwendungen. In einem dritten Fall[3] hatte ein Unternehmer, der mit der Instandsetzung eines Laufkrans beauftragt war, einen Subunternehmer damit betraut, die Kranbrücke von der Kranbahn zu heben; bei der Ausführung dieses Auftrags war der Kran umgestürzt; dadurch waren der Kran selbst, die Kranbahnstützen und eine Gebäudewand beschädigt worden. Der Unternehmer verlangte von dem Subunternehmer Freistellung von den Ersatzansprüchen des Auftraggebers.

Fraglich ist in allen Fällen, nach welchen Grundsätzen der Besteller einen Haftpflichtschaden, den er durch die Inanspruchnahme seitens eines Dritten erleidet, auf den Unternehmer abwälzen kann[4]. In beiden Fällen beruht der Anspruch des Dritten auf der mangelnden Verwendbarkeit der Sache. Dafür haftet der Besteller dem Dritten aus dem mit diesem geschlossenen Kauf- bzw. Werkvertrag auf Nachbesserung, Wandelung, Minderung oder Schadensersatz wegen Nichterfüllung. Die

---
[1] BGHZ 35, 130 = NJW 1961, 616 (Wackelspatzenfall).
[2] BGH NJW 1972, 625.
[3] BGH NJW 1969, 838.
[4] Vgl. zum Problem *Todt*, Schadensersatzansprüche, S. 147 f.; *Schlechtriem*, VersR 1973, 581 (593).

mangelnde Verwendbarkeit bei dem Dritten macht zugleich das Werk des Unternehmers fehlerhaft. Der Besteller kann es nicht wie vorgesehen zur mangelfreien Erfüllung seines Vertrages mit dem Dritten verwenden. Muß der Besteller dem Dritten wegen des Mangels den Kaufpreis zurückerstatten oder entstehen ihm zusätzliche Kosten für die Nachbesserung, so ist sein Erfüllungsinteresse betroffen und nicht sein Integritätsinteresse. Zutreffend hat daher der BGH[5] Schäden, die auf der Gewährleistungspflicht des Bestellers beruhen, als Nichterfüllungsschäden nach § 635 eingeordnet[6].

Anders ist die Sachlage im dritten Fall. Hier verlangt der Dritte von seinem Vertragspartner nicht Schadensersatz wegen der mangelnden Verwendbarkeit der erbrachten Leistung, sondern wegen Verletzung seines Eigentums. Der Schutz des Eigentums war nicht Zweck des Vertrages. Dieser war auf Instandsetzung des Krans gerichtet. Der Eigentumsschaden durch das Umstürzen des Krans fällt damit auch nicht unter die Schadensersatzhaftung wegen Nichterfüllung nach § 635, sondern unter die Haftung aus positiver Vertragsverletzung.

Entsprechendes gilt im Verhältnis Besteller—Unternehmer. Für den Haftpflichtschaden des Bestellers wegen Verletzung des Eigentums des Dritten haftet der Unternehmer gleichfalls aus positiver Vertragsverletzung[7]. Der Unternehmer soll im Ergebnis nicht besser stehen, als wenn er unmittelbar von dem Dritten aus § 823 Abs. 1 in Anspruch genommen worden wäre. Die Haftung aus positiver Vertragsverletzung gegenüber dem Besteller dient als Ausgleich dafür, daß dieser den Unternehmer durch seine Schadensersatzleistung von dessen Haftung gegenüber dem Dritten befreit. Besteller und Unternehmer sind im Verhältnis zum geschädigten Dritten Gesamtschuldner, da beide nebeneinander für den entstandenen Schaden verantwortlich sind[8]. Dabei haftet der Unternehmer im Verhältnis zum Besteller allein, weil er den Schaden letztlich verursacht hat. Er hat ein mangelhaftes Werk geliefert und dadurch seine Vertragspflichten verletzt.

Der Unternehmer haftet damit gegenüber dem Besteller jeweils nach den gleichen Grundsätzen, wie dieser gegenüber dem Dritten haftet.

---

[5] Vgl. Fn. 1 u. 2; ebenso im Ergebnis *Todt* und *Schlechtriem*, jeweils a.a.O.

[6] Die Erstattung der Reklamegebühren fällt nach BGHZ 35, 130 nicht darunter. Der BGH verkennt dabei, daß es sich bei den Reklamegebühren um nutzlos gewordene Aufwendungen handelt, für die der Dritte ebenso wie für die Vertragskosten (§ 467 S. 2) aus dem Gesichtspunkt der Wandelung Ersatz verlangen kann (vgl. Kap. E III). Für sie haftet der Besteller dem Dritten nicht anders als für den Kaufpreis aus Gewährleistung und nicht aus positiver Vertragsverletzung.

[7] Ebenso BGH NJW 1969, 838.

[8] Vgl. § 840 Abs. 1; zur Gesamtschuld allgemein insbesondere *Dilcher*, JZ 1967, 112 ff.

Wird der Besteller aus Gewährleistung in Anspruch genommen, so kann er seinerseits den Schaden nur über die Gewährleistungsvorschriften auf den Unternehmer abwälzen. Haftet der Besteller demgegenüber wegen Verletzung der Rechtsgüter des Dritten aus positiver Vertragsverletzung, so erfolgt die Rückverlagerung des Schadens auf den Unternehmer gleichfalls nach den Regeln der positiven Vertragsverletzung[9].

II. Zusätzliche Kosten infolge der Mangelhaftigkeit der Leistung

Häufig verursacht die Mangelhaftigkeit zusätzliche Kosten. Die Mangelhaftigkeit der neuen Maschine zwingt den Besteller etwa, die alte, unrentable Maschine weiterzubenutzen[10]. Das Haus ist mangelhaft erbaut; wegen der Einsturzgefahr muß der Bauherr es abstützen; er muß in eine andere Wohnung ziehen, dadurch fallen Umzugs- und Mietkosten an[11]. Ein Gutachten ist erforderlich, um die Mängel eines Bauwerks im einzelnen festzustellen[12]. Die errichtete Absauganlage droht einzustürzen; der Besteller läßt die Rohrleitungen abstützen; später muß die ganze Anlage abgebaut und durch eine neue ersetzt werden[13]. Oder bei einem Deckungsgeschäft fallen Vertragskosten an. Der gekaufte Ersatzwagen muß zugelassen werden; dadurch werden Gebühren fällig.

Bei diesen zusätzlichen Kosten handelt es sich um Nichterfüllungsschäden, die nach §§ 463, 480 Abs. 2, 635 zu ersetzen sind[14]. Sie entstehen dem Käufer oder Besteller, weil die erlangte Sache mangelhaft ist und nicht in der vorgesehenen Weise genutzt werden kann. Die ordnungsgemäße Herstellung des Werks hat für den Besteller den Vorteil, daß er Kosten spart. Er kann in dem errichteten Haus wohnen und braucht keine Miete zu bezahlen. Die neue Maschine arbeitet wirtschaftlicher als die alte. Es braucht kein Gutachter bestellt zu werden, um Mängel festzustellen, und anderes mehr. Die ersparten Kosten stellen wirtschaftlich gesehen ebenso einen „Gewinn" dar wie der Gewinn aus der Weiterveräußerung oder Vermietung der Sache. Nur schlägt sich der Gewinn nicht positiv durch die Vermehrung des Vermögens nieder, sondern durch die Entlastung des vorhandenen Vermögens.

---
[9] Ebenso im Ergebnis *Todt* und *Schlechtriem*, jeweils a.a.O. (Fn. 4).
[10] RGZ 93, 158 (Wasserturbine).
[11] BGHZ 46, 238 = NJW 1967, 340 (Hauseinsturz).
[12] BGH NJW 1971, 99.
[13] BGH NJW 1969, 1710 (Absaugeanlage).
[14] Ebenso das RG und der BGH in den genannten Fällen; zustimmend *Schlechtriem*, VersR 1973, 531 (592 f.); a. A. *Todt*, Schadensersatzansprüche, S. 148; *Grimm*, NJW 1968, 14 (18).

Dies erfordert auch rechtlich eine Gleichbehandlung. Will der Käufer oder Besteller das Haus etwa teilweise selbst benutzen und teilweise an Dritte vermieten und wird ihm beides durch die Mangelhaftigkeit unmöglich gemacht, so besteht wertungsmäßig kein Unterschied zwischen den zusätzlichen Kosten, die für die Miete einer Ersatzwohnung aufgewandt werden müssen und dem entgangenen Gewinn aus der beabsichtigten Weitervermietung. Hinsichtlich des Schadens kann zwischen der Beeinträchtigung der Eigennutzung und der Fremdnutzung nicht differenziert werden[15].

Daß der Gläubiger die zusätzlichen Kosten dem vorhandenen Vermögen entnehmen muß, kann für die rechtliche Beurteilung nicht entscheidend sein[16]. Auch die Kosten zur Mängelbeseitigung oder für einen Deckungskauf entnimmt der Gläubiger dem vorhandenen Vermögen. Gleichwohl fallen sie unstreitig in den Regelungsbereich der Gewährleistungshaftung und nicht in den Bereich der Haftung aus positiver Vertragsverletzung[17]. Für die Kosten, die der Gläubiger aufwenden muß, um den Mangel festzustellen und sich ersatzweise den Nutzen zu verschaffen, den er ohne den Mangel hätte ziehen können, kann nichts anderes gelten. Alle Kosten dienen einheitlich der Verwirklichung des Leistungsinteresses[18].

III. Fehlgeschlagene Aufwendungen

1. Abgrenzung

Von den zusätzlichen Aufwendungen, die der ersatzweisen Verwirklichung des Leistungsinteresses dienen, sind die Aufwendungen zu unterscheiden, die der Käufer oder Besteller vor Entdeckung des Mangels für den Erwerb und die Nutzung der Sache aufgewandt hat und die sich infolge der Mangelhaftigkeit als nutzlos erweisen (fehlgeschlagene Aufwendungen). Dazu gehören etwa die Vertragskosten, die aus Anlaß des Vertragsschlusses und der Erfüllung angefallen sind, ferner die Umbaukosten für die Aufstellung einer neuen Maschine[19], Einbaukosten[20], Reklamegebühren[21], Maklerkosten[22], Kosten für eine behördliche Betriebsgenehmigung[23] oder der Zinsverlust für das investierte Geld[24].

---

[15] Vgl. BGH NJW 1967, 340 (341).
[16] Anders *Todt*, a.a.O. (Fn. 14).
[17] Vgl. *Todt* selbst, a.a.O., S. 145; ferner etwa *Palandt / Putzo*, § 463 Anm. 4; RGZ 52, 18; vgl. auch § 633 Abs. 3.
[18] Vgl. auch *Bulla*, BB 1975, 445.
[19] RGZ 95, 2 (Schotteranlage).
[20] RG JR 1926, 1020 = Recht 1926, Nr. 1667.
[21] RG Recht 1912 Nr. 1594; BGHZ 35, 130 (Wackelspatzenfall).
[22] BGH NJW 1973, 1234 = BGHZ 60, 319 (Seegrundstück).

Anders als die zusätzlichen Aufwendungen entstehen diese Kosten nicht erst durch die mangelhafte Erfüllung und den dadurch ausgelösten Bedarf, sondern sie sind bereits durch den Vertragsschluß und die Erwartung der Gegenleistung veranlaßt. Ein Zusammenhang mit dem Mangel ist nur insoweit gegeben, als infolge der Mangelhaftigkeit aus ursprünglich nützlichen Aufwendungen nutzlose werden.

2. Einordnung in Literatur und Rechtsprechung

Das RG[25] hat fehlgeschlagene Aufwendungen wiederholt als Nichterfüllungsschäden i. S. d. §§ 463, 635 angesehen. Demgegenüber ordnet sie Todt[26] als Mangelfolgeschäden unter die positive Vertragsverletzung ein.

Beides erscheint zweifelhaft. Fraglich ist zunächst, ob fehlgeschlagene Aufwendungen überhaupt als Schaden aufgefaßt werden können. Diese Frage wird vor allem im Deliktsrecht diskutiert und ist äußerst umstritten[27]. Gegen eine Anerkennung fehlgeschlagener Aufwendungen als Schaden wird vor allem eingewandt, die Ersatzpflicht würde in unübersehbarer Weise ausgedehnt. Der Schädiger hätte nicht nur für die nutzlos werdenden Aufwendungen für die allgemeine Lebenshaltung einzustehen, sondern auch für Aufwendungen zur Freizeitgestaltung und zur Verschaffung immaterieller Genüsse[28].

Diese Bedenken bestehen im vorliegenden Zusammenhang nicht. Hier sind die in Betracht kommenden Aufwendungen vom Zweck des Vertrages her näher bestimmt. Die Lage ist hier nicht anders als in den Fällen der §§ 122, 179 Abs. 2, 307, 309, in denen das Gesetz nutzlos werdende Aufwendungen im Hinblick auf einen Vertrag als ersatzfähige Schäden anerkennt.

Bedenken ergeben sich jedoch aus einem anderen Gesichtspunkt: Die Aufwendungen berühren weder das Erfüllungs- noch das Integritätsinteresse. Sie dienen weder der ersatzweisen Herstellung des status ad quem bei Erfüllung, noch beruhen sie auf einem Eingriff in die Rechtsgütersphäre des Gläubigers. Könnte der Käufer oder Besteller mit dem Reichsgericht über den Schadensersatzanspruch wegen Nichterfüllung

---

[23] RG Recht 1912, Nr. 1594.
[24] BGH NJW 1967, 340 = BGHZ 46, 238 (Hauseinsturz); BGH NJW 1973, 1234 (Seegrundstück).
[25] RG Recht 1912, Nr. 1594; RGZ 95, 2; Recht 1926, Nr. 1667.
[26] Schadensersatzansprüche, S. 148; BB 1971, 684.
[27] Vgl. die Nachweise bei BGHZ 55, 146 (151) = NJW 1971, 796 „Jagdpachtfall". Der BGH hat a.a.O. die Frage offengelassen.
[28] Vgl. zur Kritik Zeuner, AcP 163, 380 (394); Stoll, JuS 1968, 504 (507); Bötticher, VersR 1966, 301 (309); Baur, Festschrift für Raiser, S. 119 (134 ff.).

außer dem Ersatz des Minderwertes, des entgangenen Gewinns und des entgangenen sonstigen Nutzens auch noch einen Teil der Investitionskosten ersetzt verlangen, so stünde er im Ergebnis besser als bei ordnungsgemäßer Erfüllung. Denn diese Kosten hätte er bei ordnungsgemäßer Erfüllung selber tragen müssen. Entsprechendes gilt für die Auffassung von *Todt*. Auch nach dieser Lösung erhält der Gläubiger mehr als bei ordnungsgemäßer Erfüllung.

3. Zutreffender Lösungsansatz

Der richtige Ansatzpunkt liegt woanders. Begehrt der Gläubiger Ersatz seiner Aufwendungen, die ihm durch den Vertragsschluß, die Erfüllung des Vertrages oder zur Vorbereitung für den Einsatz der Sache entstanden sind, so macht er sein *negatives Vertragsinteresse* geltend. Er verlangt Herstellung des Zustandes, wie er ohne den geschlossenen Vertrag bestünde. Zur Verwirklichung dieses Ziels dient im Sachmängelrecht aber weder der Schadensersatzanspruch wegen Nichterfüllung noch der Anspruch aus positiver Vertragsverletzung, sondern die Wandelung des Vertrages[29].

Für die Vertragskosten, d. h. die Abschlußkosten und die Kosten des dinglichen Vollzugs[30] enthält § 467 S. 2 eine ausdrückliche Regelung. Es fehlt hingegen bei den Wandelungsvorschriften eine Bestimmung, die den Ausgleich sonstiger nutzlos gewordener Aufwendungen erfaßt. Dies läßt zwei Deutungen zu: Entweder stellt man sich auf den Standpunkt, die Rechte des Käufers und Bestellers[31] aus der Wandelung des Vertrages seien abschließend geregelt. Dann scheidet jeglicher Ersatz unnützer Aufwendungen über § 467 S. 2 hinaus aus[32]. Oder man geht davon aus, daß die gesetzliche Regelung insoweit lückenhaft ist. Zur Schließung der Lücke bietet sich dann eine Analogie zu §§ 467 S. 2, 122, 179 Abs. 2, 307, 309 an[33].

Ein praktisches Bedürfnis für eine solche Analogie läßt sich kaum leugnen. Dies zeigen schon die erörterten Versuche, die nutzlosen Aufwendungen systemwidrig unter die Schadensersatzhaftung wegen Nichterfüllung oder die Haftung aus positiver Vertragsverletzung einzuordnen[34]. Die Haftung hält sich in einem eng umgrenzten Rahmen.

---

[29] Vgl. Kap. C II 2 b.
[30] Vgl. im einzelnen *Erman / Weitnauer*, § 467 Rz. 9; *Staudinger / Ostler*, § 467 Rz. 38.
[31] Nach § 634 Abs. 4 finden beim Werkvertrag auf die Wandelung die für den Kauf geltenden Vorschriften entsprechende Anwendung.
[32] So im Ergebnis BGH NJW 1973, 1234.
[33] Vgl. *Keuk*, S. 160.
[34] Vgl. oben bei Fn. 25 u. 26.

III. Fehlgeschlagene Aufwendungen

Sie erfaßt nur Aufwendungen, die in Zusammenhang mit dem Vertragsschluß, der Erfüllung oder der Nutzung der Sache stehen. Den Schuldner dafür haften zu lassen, ist ein Gebot der Gerechtigkeit. Der Gläubiger hat die Aufwendungen im Vertrauen auf den Bestand des Vertrages und die Tauglichkeit der Leistung gemacht und wird in diesem Vertrauen durch den Schuldner enttäuscht. Die Interessenlage ist hier nicht anders als in den Fällen der §§ 122, 179 Abs. 2, 307, 309. Auch hier kann der Gläubiger, dessen Vertrauen auf die Erklärungen des Schuldners enttäuscht wurde, Ersatz seines negativen Vertragsinteresses verlangen. Die Haftung ist auf den Betrag des positiven Interesses beschränkt. Der Grund liegt darin, daß der Gläubiger im Ergebnis nicht besser stehen soll, als wenn der Vertrag ordnungsgemäß erfüllt worden wäre. Das Risiko, das er mit der Eingehung des Vertrages übernommen hat, wird ihm nicht abgenommen. Eine Fehlinvestition geht zu seinen Lasten[35]. Entsprechendes muß bei der Wandelung gelten, wenn man über § 467 S. 2 hinaus einen Anspruch auf Ersatz des negativen Vertragsinteresses zuläßt[36]. Auch hier besteht kein Grund, den Wandelnden im Ergebnis besser zu stellen als bei ordnungsgemäßer Erfüllung.

Ein anderer Weg, um zu einem die nutzlosen Aufwendungen umfassenden Anspruch auf Ersatz des negativen Vertragsinteresses zu gelangen, bestünde darin, dem Käufer oder Besteller einen Anspruch aus culpa in contrahendo wegen Verletzung der vorvertraglichen Aufklärungspflicht über Eigenschaften und Fehler der Sache zu gewähren[37]. Der hier vorgeschlagene Weg hat jedoch den Vorteil, daß er sich unmittelbar an die gesetzliche Regelung anlehnt und so Wertungswidersprüche in den Haftungsvoraussetzungen vermeidet. Das Haftungssystem der §§ 459 ff., 633 ff. wird nicht durchbrochen[38].

Zusammenfassung

Wird der Besteller von einem Dritten, dem gegenüber er zur Leistung verpflichtet ist, wegen der mangelnden Tauglichkeit der erbrachten Leistung auf Nachbesserung, Schadensersatz wegen Nichterfüllung, Wandelung oder Minderung in Anspruch genommen, so kann er seinerseits nur nach den Gewährleistungsvorschriften bei dem Unternehmer,

---

[35] Vgl. zum Grund der Haftungsbegrenzung RGZ 151, 357 (358 f.).
[36] Ebenso *Keuk*, S. 160.
[37] So *Enneccerus / Lehmann*, SchR § 112 I 3 (S. 453); *Diederichsen*, BB 1965, 401; *Schaumburg*, Diss. S. 78 ff. und MDR 1975, 105 ff.; *Herholz*, AcP 130, 251 ff.
[38] Dies ist der Grund, warum der BGH (NJW 1973, 1234) Ansprüche aus c. i. c. neben den §§ 459 ff. ablehnt. Vgl. zum Konkurrenzverhältnis beider Haftungssysteme Kap. G.

der für den Mangel verantwortlich ist, Regreß nehmen und den Schaden auf diesen abwälzen. Anders verhält es sich, wenn der Besteller dem Dritten wegen einer Körper- oder Eigentumsverletzung, die durch einen Mangel des Werkes hervorgerufen ist, aus Delikt oder positiver Vertragsverletzung haftet. Der Schadensausgleich im Innenverhältnis zum Unternehmer erfolgt hier aus positiver Vertragsverletzung und aus § 426. Zusätzliche Kosten, die dem Käufer oder Besteller entstehen, weil die Sache mangelhaft ist und nicht zum vorgesehenen Zweck genutzt werden kann, fallen unter die Schadensersatzhaftung wegen Nichterfüllung nach §§ 463, 480 Abs. 2, 635. Dies gilt sowohl für die Kosten zur Mangelbeseitigung, wie für die Kosten zur Feststellung des Mangels, zur einstweiligen Sicherung der Sache oder zur Verschaffung eines Ersatzgegenstandes.

Demgegenüber sind Vertragskosten und sonstige Aufwendungen, die sich infolge des Mangels als nutzlos erweisen, ausschließlich bei Wandelung des Vertrages zu ersetzen. Der Käufer oder Besteller macht damit sein negatives Vertragsinteresse geltend und verlangt, so gestellt zu werden, als ob er sich auf den Vertragsschluß nicht eingelassen hätte. Für die Vertragskosten enthält § 467 S. 2 eine ausdrückliche Regelung. Für sonstige nutzlos werdende Aufwendungen besteht hingegen eine Regelungslücke. Diese ist durch eine Analogie zu §§ 467 S. 2, 122, 179 Abs. 2, 307, 309 zu schließen. Die Haftung ist in ihrem Umfang auf den Betrag des positiven Vertragsinteresses beschränkt.

F. Ansprüche aus positiver Vertragsverletzung bei mangelhafter Sachleistung

I. Regelungsbereich der Haftung aus positiver Vertragsverletzung

Bei der Haftung aus positiver Vertragsverletzung handelt es sich um ein Haftungsinstitut, das praeter legem entwickelt wurde[1] und der Ergänzung der gesetzlichen Regelungen über die Folgen einer Vertragsverletzung dient[2]. Im einzelnen verstecken sich dahinter ganz verschiedene Fallgruppen[3]. Bei Verträgen ohne gesetzliche Gewährleistungshaftung (Dienstvertrag, Maklervertrag, Auftrag, Geschäftsbesorgungsvertrag, Gesellschaftsvertrag) erfaßt die positive Vertragsverletzung die sog. Schlechterfüllung als dritte Art der Leistungsstörung neben Unmöglichkeit und Verzug[4]. Ein weiterer Tatbestand ist die Gefährdung des Vertragszwecks[5] und die ernsthafte und endgültige Erfüllungsverweigerung[6]. Als dritte Fallgruppe läßt sich die Verletzung vertraglicher Mitwirkungs- und Aufklärungspflichten nennen, die die ordnungsgemäße Durchführung des Vertrages sicherstellen sollen[7]. Weiterhin kann die positive Vertragsverletzung in der Verletzung einer Schutzpflicht bestehen[8]. Der Vertragspartner ist verpflichtet, den anderen vor möglichen Schäden an Körper, Gesundheit und Eigentum zu bewahren. Die Haftung aus positiver Vertragsverletzung erweitert hier die Deliktshaftung[9]. Der Vertragspartner soll auf Grund der bestehenden Sonderrechtsbeziehung und der erhöhten Einwirkungsmöglichkeiten strenger haften als ein sonstiger Dritter, der in die Rechts-

---

[1] Grundlegend *Staub*, Die positiven Vertragsverletzungen, 1904.

[2] Vgl. BGHZ 11, 80 (83); *Palandt / Heinrichs*, § 276 Anm. 7 a cc; *Medicus*, BürgR, § 14 IV 1 g.

[3] Vgl. den Versuch einer Typenbildung bei *Köpcke*, Typen der positiven Vertragsverletzung, 1965; ferner die Übersicht bei *Palandt / Heinrichs*, § 276 Anm. 7 b - d.

[4] *Palandt / Heinrichs*, § 276 Anm. 7 b aa m. w. N.

[5] Vgl. BGHZ 11, 80 (84).

[6] Str.; vgl. BGH NJW 1969, 40 einerseits und *Blomeyer* (SchR § 30 II b), *Esser* (SAT § 52 VI 4), *Fikentscher* (SchR § 42 I 2) und *Medicus* (BürgR § 14 IV 1 c) andererseits, die für eine entsprechende Anwendung der Verzugsvorschriften eintreten.

[7] Vgl. *Palandt / Heinrichs*, § 276 Anm. 7 c cc, dd m. w. N.

[8] Vgl. dazu insbesondere *Canaris*, JZ 1965, 475 ff., *Thiele*, JZ 1967, 649 ff.

[9] Vgl. *Schlechtriem*, VersR 1973, 581 (582 f.).

güterspähre eines anderen eingreift. Insbesondere soll er sich nicht durch die Führung eines Entlastungsbeweises gem. § 831 Abs. 1 S. 2 von der Haftung befreien können, wenn der Schaden durch einen Erfüllungsgehilfen verursacht ist. Die Haftung aus positiver Vertragsverletzung berührt sich hier mit der Haftung aus culpa in contrahendo, die im vorvertraglichen Bereich die gleiche Funktion erfüllt[10].

Überblickt man die bisherigen Erörterungen über die Einordnung verschiedener Schäden im Zusammenhang mit einer mangelhaften Sachleistung, so zeigt sich, daß für eine Haftung aus positiver Vertragsverletzung nur solche Schäden in Betracht kommen, die auf einer Schutzpflichtverletzung beruhen und das Integritätsinteresse des Gläubigers verletzen[11]. Die Schutzpflichtverletzung liegt hier in der Erbringung einer gefährlichen Leistung.

Zugleich haben wir gesehen, daß der Rechtsgüterschutz auch Teil des Erfüllungsinteresses des Käufers, Mieters oder Bestellers sein kann. Dies ist etwa dann der Fall, wenn sich die Zusicherung nach § 463 S. 1 auch auf die Ungefährlichkeit der verkauften Sache bezieht und den Käufer vor möglichen Schäden an Körper, Gesundheit und Eigentum schützen soll[12], oder bei der Wohnungsmiete[13] und Werkverträgen, mit denen der Besteller den Schutz vorhandener Rechtsgüter verfolgt[14].

Damit taucht das Problem auf, wie sich die Ansprüche aus positiver Vertragsverletzung und die Schadensersatzansprüche wegen Nichterfüllung in diesen Fällen zueinander verhalten. Schließen sie sich gegenseitig aus? Greift die Haftung aus positiver Vertragsverletzung nur ein, wenn die Voraussetzungen für einen Schadensersatzanspruch wegen Nichterfüllung nicht gegeben sind bzw. dieser den Rechtsgüterschutz nicht mit umfaßt? Oder besteht die Haftung aus positiver Vertragsverletzung neben der Nichterfüllungshaftung, so wie die Deliktshaftung neben der Vertragshaftung steht?

---

[10] Vgl. dazu die grundlegende Entscheidung des RG im „Linoleumteppich-Fall" RGZ 78, 239; ferner BGH NJW 1962, 31. Zur Verwandtschaft beider Haftungsinstitute vgl. *Canaris*, a.a.O.; *Thiele*, a.a.O.; *Gerhardt*, JuS 1970, 597 ff.; *Müller*, NJW 1969, 2169.

[11] a. A. *Honsell*, JR 1976, 361 (364 ff.), der eine Haftung aus p. V. V. bei jeder Verletzung einer vertraglichen Nebenpflicht annimmt. Er erkennt jedoch selber, daß dann die Abgrenzung zwischen Beratung und Zusicherung erhebliche Probleme aufwirft und angesichts der in § 463 S. 2 zum Ausdruck gekommenen Wertung bei der Annahme von Aufklärungspflichten jedenfalls Zurückhaltung geboten ist (S. 367).

[12] Vgl. Kap. D I 2.
[13] Vgl. Kap. D III 1 a.
[14] Vgl. Kap. D IV 1.

II. Das Konkurrenzverhältnis zur Schadensersatzhaftung wegen Nichterfüllung

1. Das Konkurrenzverhältnis beim Kauf

a) Haftung für das Fehlen einer zugesicherten Eigenschaft

Die Schadensersatzhaftung nach § 463 S. 1 beruht auf dem Versprechen des Verkäufers, für das Fehlen bestimmter Eigenschaften einstehen zu wollen[15]. Zusicherungsfähig sind dabei alle Eigenschaften. Bezieht sich die Zusicherung auf die Ungefährlichkeit der Sache, so soll der Käufer vor Schäden an Körper und Gesundheit und Eigentum geschützt werden. Dem Ersatz derartiger Schäden dient zwar bereits die Deliktshaftung, diese Haftung setzt aber Verschulden voraus. Läßt sich der Käufer die Ungefährlichkeit zusichern, so ist er gegen mögliche Folgeschäden unabhängig von einem Verschulden des Verkäufers geschützt. Die Zusicherung dient hier also der Erweiterung des Rechtsgüterschutzes. Die Garantie hält sich dabei im Rahmen der Gewährleistungshaftung. Der Verkäufer will für Mangelfolgeschäden *auf Grund der Zusicherung* nur im Rahmen der §§ 459 ff. haften.

Der Zusicherung kann jedoch nicht entnommen werden, daß eine Haftung *aus anderen Rechtsgründen* ausgeschlossen werden soll. Handelt der Verkäufer schuldhaft, so kann der Käufer daher wegen einer Eigentums- oder Gesundheitsverletzung ohne weiteres auf einen möglichen deliktischen Anspruch zurückgreifen.

Dies ist etwa dann von Bedeutung, wenn der Schadensersatzanspruch nach § 463 S. 1 gem. § 477 verjährt ist. Der deliktische Anspruch verjährt nach § 852 erst in drei Jahren von dem Zeitpunkt an, in dem der Käufer von dem Schaden und der Person des Ersatzpflichtigen Kenntnis erlangt hat, während der Schadensersatzanspruch aus § 463 S. 1 bei beweglichen Sachen bereits in sechs Monaten seit Übergabe verjährt. Die deliktische Verjährungsfrist ist hier für den Käufer günstiger.

Aus § 477 kann man nicht die Wertung entnehmen, daß der Käufer nach Ablauf der vertraglichen Verjährungsfrist auch mit einem möglichen Deliktsanspruch ausgeschlossen sein soll[16]. Dagegen spricht, daß Vertrags- und Deliktshaftung auf jeweils unterschiedlichen Voraussetzungen beruhen. Das BGB geht grundsätzlich von einem Nebeneinanderbestehen der vertraglichen und der deliktischen Haftung aus[17].

---

[15] Vgl. Mot. II, S. 228; *Diederichsen,* AcP 165, 150 (159); *Larenz,* SchR II, § 41 II c 1.
[16] Vgl. BGH NJW 1976, 1505 f.; *Schlechtriem,* VersR 1973, 581 (588); *Schmitz,* NJW 1973, 2081 (2084 f.). a. A. OLG Düsseldorf, NJW 1975, 453 mit abl. Anm. von *Schubert* NJW 1975, 1230.
[17] Vgl. NJW 1976, 1505 (1506); *Schubert,* NJW 1975, 1230. Zur Verjährungsproblematik im einzelnen vgl. Kap. F III.

Entsprechendes wie für das Verhältnis von Zusicherungshaftung nach § 463 S. 1 und Deliktshaftung nach § 823 Abs. 1 gilt für das Verhältnis der Haftung nach § 463 S. 1 zur Haftung aus positiver Vertragsverletzung. Die Haftung aus positiver Vertragsverletzung erfüllt — jedenfalls in dem hier interessierenden Bereich — deliktshaftungsähnliche Funktionen. Sie erweitert die deliktische Haftung im Rahmen eines bestehenden Vertrages und soll die Schwäche des Deliktsrechts bei § 831 ausgleichen[18]. Sie beruht auf der schuldhaften Gefährdung der Rechtsgüter des Vertragspartners. Dafür hat der Verkäufer wie jeder andere Schuldner unabhängig von einer möglichen Zusicherung einzustehen. Die Zusicherung der Ungefährlichkeit der verkauften Sache gibt dem Käufer für den Fall eines Schadens einen zusätzlichen, vom Verschulden des Verkäufers unabhängigen Anspruch. Der Verkäufer haftet hier nicht, weil er eine Schutzpflicht im Hinblick auf die Rechtsgüter seines Vertragspartners verletzt hat, sondern weil er eine Zusicherung gegeben hat. Die Haftungsgrundlage ist jeweils unterschiedlich. Die Haftung aus positiver Vertragsverletzung und die Haftung für eine gegebene Zusicherung bestehen daher unabhängig nebeneinander[19].

b) Arglisthaftung nach § 463 S. 2

Der Haftung nach § 463 S. 2 liegt der Gedanke zugrunde, daß für eine Privilegierung des Verkäufers bei arglistigem Verhalten kein Anlaß besteht. Während die Haftung des ehrlichen Verkäufers auf Wandelung und Minderung beschränkt ist, kann der Käufer bei Arglist auch Schadensersatz wegen Nichterfüllung verlangen.

Der Anspruch ist auf das Erfüllungsinteresse des Käufers gerichtet. Dieser soll einen Ausgleich dafür erhalten, daß die Sache entgegen den vom Verkäufer geweckten oder unterhaltenen Erwartungen nicht in der vorgesehenen Weise verwandt werden kann[20]. Für Beeinträchtigungen des Verwendungsinteresses enthält § 463 S. 2 die Wertung, daß der Käufer Schadensersatz nur verlangen kann, wenn der Verkäufer arglistig gehandelt hat[21].

Etwas anderes gilt für Schäden, die dadurch verursacht werden, daß die Sache eine zusätzliche Gefahr für die Rechtsgüter des Käufers mit sich bringt. Das Interesse am Schutz vor Eingriffen in die Rechtsgütersphäre besteht unabhängig vom Abschluß des Kaufvertrages und der Ziele, die der Käufer damit verfolgt. Es wird daher auch nicht von der

---

[18] Vgl. oben unter F I.
[19] Ebenso im Ergebnis *Canaris*, JZ 1965, 457 (477); *Thiele*, JZ 1967, 649 (657); *Todt*, Schadensersatzansprüche, S. 189 ff.; *Köpcke*, S. 136; *Herberger*, S. 134 ff.
[20] Vgl. Kap. D II.
[21] BGH NJW 1965, 532 (533); *Esser*, SBT § 64 VI 4; *Larenz*, SchR II, § 41 II e.

Schadensersatzhaftung wegen Nichterfüllung nach § 463 S. 2 erfaßt. Der Verkäufer haftet hier wie jeder andere Schuldner, der eine Schutzpflicht verletzt hat, bereits bei leichtem Verschulden. Die Haftung aus positiver Vertragsverletzung wird insoweit durch die Schadensersatzhaftung nach § 463 S. 2 nicht verdrängt[22].

Medicus[23] wendet dagegen ein, der Verkäufer hafte dann für den kausal näheren Mangelschaden unter strengeren Voraussetzungen als für den ferner liegenden Mangelfolgeschaden an den Rechtsgütern des Käufers. Er sieht darin einen Wertungswiderspruch zur Adäquanztheorie. Danach müßte gerade umgekehrt der näher liegende Schaden eher ersetzt werden als der entferntere.

Diese Argumentation vermag nicht zu überzeugen. Der Umfang eines Schadensersatzanspruchs wegen Nichterfüllung läßt sich nicht mit Hilfe der Adäquanztheorie bestimmen. Der Schuldner haftet hier nicht, weil sich durch die Nichterfüllung generell gewisse Gefahren erhöhen und einen Schadenseintritt wahrscheinlich machen[24]. Entscheidend ist vielmehr der individuelle Nutzen, der für den Gläubiger mit dem Erwerb der Leistung verbunden sein soll. Auf die kausale Nähe des Schadens kommt es nicht an[25]. Die Schadensersatzhaftung wegen Nichterfüllung und die Haftung für Eingriffe in fremde Rechtsgüter beruhen auf unterschiedlichen Pflichtverletzungen mit unterschiedlichen Voraussetzungen und Zurechnungsgehalten[26]. Daß der Schuldner für Eingriffe in die Rechtsgütersphäre des Gläubigers unter weniger strengen Voraussetzungen haften kann, ergibt sich aus der grundsätzlichen Unabhängigkeit der deliktischen Haftung gegenüber der Vertragshaftung. Das Deliktsrecht schützt die Rechtsgüter gerade unabhängig von den besonderen Voraussetzungen des Vertrages[27]. Entsprechendes muß für die Haftung aus positiver Vertragsverletzung gelten, die den deliktischen Rechtsgüterschutz gerade erweitern soll[28].

Die Auffassung von *Medicus*, wonach der Verkäufer für alle Mangelfolgeschäden nur bei Arglist (oder einer entsprechenden Zusicherung) haftet, führt zu einer wenig sachgerechten Differenzierung zwischen Rechtsgüterverletzungen, die mittels mangelhafter Sachleistung erfolgt sind, und sonstigen Eingriffen in die Rechtsgütersphäre des Gläubigers.

---

[22] Vgl. außer den in Fn. 21 genannten *Herberger*, S. 134; *Palandt / Putzo*, Vorbem v § 459 Anm. 2 b.
[23] JuS 1965, 209 (216).
[24] Vgl. zur Adäquanztheorie *Palandt / Heinrichs*, Vorb v § 249 Anm. 5 b aa.
[25] Vgl. Kap. C II 1.
[26] Zutreffend *Thiele*, JZ 1967, 649 (657).
[27] Dies räumt auch *Medicus*, Festschrift für Kern, S. 313 (331 Fn. 63) ein.
[28] Vgl. Kap. F I.

Der Verkäufer, der eine gefährliche Sachleistung, etwa ein mangelhaft isoliertes Elektrogerät, erbringt, würde für die Folgen eines elektrischen Schlages nur bei Arglist (oder Zusicherung) haften, während er für den gleichen Schaden bereits bei leichter Fahrlässigkeit einzustehen hätte, wenn der Käufer den elektrischen Schlag bei der Besichtigung des Gerätes in den Verkaufsräumen des Verkäufers erleidet. Ein wertungsmäßiger Unterschied zwischen beiden Fällen läßt sich nicht feststellen. Die Gleichheit der Interessenlage zwingt vielmehr dazu, jeweils von den gleichen Haftungsvoraussetzungen auszugehen[29].

2. Das Konkurrenzverhältnis bei der Miete

Bei der Miete enthält § 538 Abs. 1 für Mängel, die bereits bei Vertragsschluß vorhanden waren und das Gebrauchsinteresse des Mieters beeinträchtigen, eine gesetzliche Garantiehaftung[30]. Anders als beim Kauf kommt es nicht darauf an, ob der Schuldner eine besondere Zusicherung abgegeben hat. Soweit die Garantiehaftung auch Beeinträchtigungen des Integritätsinteresses umfaßt, haftet der Vermieter gegenüber der allgemeinen Haftung für Rechtsgüterverletzungen bereits von Gesetzes wegen verschärft.

Daraus könnte man den Schluß ziehen, daß für eine Haftung aus positiver Vertragsverletzung jedenfalls insoweit kein Raum ist. Eine solche Argumentation würde jedoch die rechtlichen Unterschiede zwischen der Garantiehaftung nach § 538 Abs. 1 und der Haftung aus positiver Vertragsverletzung verkennen. Das von § 538 Abs. 1 erfaßte Gebrauchsinteresse deckt sich nicht mit dem Integritätsinteresse, dessen Schutz die Haftung aus positiver Vertragsverletzung dient. Es handelt sich um zwei selbständige Haftungsbereiche, die auf unterschiedlichen Pflichtverletzungen beruhen[31]. Es gilt hier Entsprechendes wie für das Verhältnis der Garantiehaftung nach § 538 Abs. 1 zur Deliktshaftung nach § 823 Abs. 1.

Praktische Bedeutung gewinnt die Haftung aus positiver Vertragsverletzung allerdings erst dann, wenn der Rechtsgüterschutz vom Gebrauchsinteresse des Mieters nicht umfaßt wird. Für eine Garantiehaftung nach § 538 Abs. 1 ist dann kein Raum[32]. In diesem Fall haftet der Vermieter wie jeder andere, der die Rechtsgüter seines Vertragspartners gefährdet, nur bei Verschulden[33].

---

[29] Gegen eine Differenzierung auch *Herberger*, S. 133/134.
[30] Vgl. Kap. D III vor 1.
[31] Vgl. *Canaris*, JZ 1965, 475 (477); *Thiele*, JZ 1967, 649 (657).
[32] Vgl. Kap. D III 4.
[33] Ebenso Eike Schmidt, Nachwort, S. 161 f.

3. Das Konkurrenzverhältnis beim Werkvertrag

Beim Werkvertrag läßt sich die Schadensersatzhaftung nach § 635, soweit sie den Rechtsgüterschutz mitumfaßt, nicht als Haftungsverschärfung gegenüber der allgemeinen Haftung für die Verletzung fremder Rechtsgüter auffassen. Die Haftung aus § 635 setzt ebenso wie die Haftung aus positiver Vertragsverletzung ein Verschulden des Unternehmers voraus. Die Haftung beruht jeweils auf einer anderen Grundlage.

Auf Schadensersatz wegen Nichterfüllung haftet der Unternehmer, weil er seine Leistungspflicht qualitativ unzureichend erfüllt hat[34]. Die Haftung ist auf das Erfüllungsinteresse gerichtet und umfaßt die Schäden, die das Wert- und Verwendungsinteresse des Bestellers berühren und auf dem Ausbleiben der ordnungsgemäßen Leistung beruhen. Soll das Werk der Abwendung einer vorhandenen Gefahr dienen wie bei der Reparatur eines undichten Daches, so kann sich die Schadensersatzhaftung wegen Nichterfüllung auch auf den Schutz der Rechtsgüter des Bestellers beziehen. Es gilt hier im Grundsatz nichts anderes als bei der quantitativen Nichterfüllung oder beim Verzug. Der Schaden an den Rechtsgütern würde in den Fällen, in denen der Werkvertrag auf die Abwendung einer Gefahr gerichtet ist, auch dann eintreten, wenn der Unternehmer überhaupt nicht oder verspätet leisten würde[35].

Anders ist die Lage dann, wenn der Unternehmer ein mangelhaftes Werk herstellt und den Besteller dadurch einer zusätzlichen Gefahr aussetzt, vor der er sonst geschützt gewesen wäre. Der Schaden beruht dann nicht auf dem Ausbleiben der geschuldeten Leistung, sondern auf einem Eingriff in die Rechtsgütersphäre des Gläubigers. Dafür haftet der Unternehmer aus positiver Vertragsverletzung. Verletzt ist nicht die Leistungspflicht und das Interesse des Bestellers an der Herstellung des Werkes, sondern eine Schutzpflicht, die den Unternehmer unabhängig vom Inhalt des jeweiligen Vertrages dazu verpflichtet, die Rechtsgüter des Bestellers nicht zu gefährden.

Schadensersatz wegen Nichterfüllung und Haftung aus positiver Vertragsverletzung beschreiben damit beim Werkvertrag zwei unterschiedliche Haftungsbereiche[36]. Die Schadensersatzhaftung wegen Nichterfüllung ist die Folge der besonderen Verantwortung, die den Unternehmer für die Verwirklichung des Leistungsinteresses trifft. Demgegenüber

---

[34] Vgl. *Schubert*, JR 1975, 179, 181; *Jakobs*, JuS 1974, 346.
[35] Darauf weist zutreffend *Köpcke*, S. 35, hin.
[36] Ebenso im Ergebnis die h. L. Die Abgrenzung ist zwar im einzelnen umstritten, vgl. Kap. B I 4. Es besteht jedoch Einigkeit darin, daß die Haftung aus positiver Vertragsverletzung nur für solche Schäden eingreift, die außerhalb des Regelungsbereichs des § 635 liegen.

umfaßt die Haftung aus positiver Vertragsverletzung die allgemeine Verantwortlichkeit für die Verletzung der Rechtsgüter des Vertragspartners. Für die Abgrenzung ist entscheidend, inwieweit der Rechtsgüterschutz vom Zweck, den der Besteller mit dem Abschluß des Vertrages verfolgt, gedeckt ist oder nicht[37].

III. Verjährung

1. Meinungsstand

Problematisch erscheint, ob die kurzen Verjährungsfristen der §§ 477, 638 auf Ansprüche aus positiver Vertragsverletzung, die mit einem Sachmangel zusammenhängen, anwendbar sind. Die Meinungen sind hier geteilt.

Beim Kauf treten Rechtsprechung[38] und h. L.[39] dafür ein, auch die Ansprüche aus positiver Vertragsverletzung der kurzen Verjährungsfrist des § 477 zu unterwerfen. Eine Modifizierung soll nach Auffassung von *Larenz*[40] insoweit gelten, als die Verjährungsfrist erst mit der Erkennbarkeit des Schadens zu laufen beginnt. Auch der BGH[41] neigt in jüngeren Entscheidungen dieser Einschränkung zu, hat sich aber noch nicht endgültig festgelegt.

Beim Werkvertrag steht die Rechtsprechung[42] mit der h. L.[43] dagegen auf dem Standpunkt, daß Ansprüche aus positiver Vertragsverletzung gem. der Regelverjährungsfrist des § 195 in 30 Jahren verjähren. Lediglich eine Mindermeinung[44] will auch beim Werkvertrag die Verjährungsregelung des § 638 entsprechend anwenden. Dabei soll nach Auf-

---

[37] Ebenso *Schubert*, JR 1975, 179 (181 ff.). Zur Abgrenzung im einzelnen vgl. Kap. D IV.
[38] RGZ 53, 200 (203); 56, 166 (169); 144, 162; BGH LM Nr. 5 zu § 477; NJW 1971, 654 (655); NJW 1972, 246; NJW 1976, 1505.
[39] *Staudinger / Ostler*, § 477 Rz. 5; *Soergel / Ballerstedt*, § 477 Rz. 6; *Palandt / Putzo*, § 477 Anm. 1; *Erman / Weitnauer*, § 477 Rz. 2; *RGRK-Kuhn*, § 477 Anm. 3; *Todt*, Schadensersatzansprüche, S. 175 ff.; ders., BB 1971, 680 (684 f.); *Schmitz*, NJW 1973, 2081 (2084 f.); *Herberger*, S. 135; a. A. *Enneccerus / Lehmann*, SchR § 112 I 3 a; *Hoche*, Festschrift für Lange, S. 241 (246).
[40] SchR II, § 41 II e (S. 60 Fn. 2).
[41] BGH NJW 1973, 276 (277); 843 (845).
[42] RGZ 62, 119 (122); 115, 122 (125); BGH NJW 1969, 838 (839); NJW 1972, 1195; st. Rspr.
[43] *Studinger / Riedel*, § 638 Rz. 2,3; *Erman / Wagner*, § 638 Rz. 2; *RGRK-Denecke*, § 638 Anm. 1, 2; *Palandt / Thomas*, § 638 Anm. 1 b.
[44] *Todt*, Schadensersatzansprüche, S. 175 ff.; ders., BB 1971, 680 (684 f.); *Schmitz*, NJW 1973, 2081 (2085); *Finger*, DB 1972, 1211 (1218 ff.); ders. NJW 1973, 81 (84); *Ganten*, VersR 1970, 1080 (1083 f.), einschränkend in VersR 1972, 540 (541); OLG Düsseldorf, NJW 1972, 58 (59).

III. Verjährung

fassung von *Larenz*[45] auch hier die Verjährung erst mit der Erkennbarkeit des Schadens zu laufen beginnen.

2. Regelungszweck der §§ 477, 638

Für eine entsprechende Anwendung der kurzen Verjährungsfristen der §§ 477, 638 auf Ansprüche aus positiver Vertragsverletzung, die mit dem Mangel der verkauften Sache oder des Werks zusammenhängen, spricht der Regelungszweck dieser Bestimmungen[46]. Sie beruhen ausweislich der Motive[47] auf der Erwägung, daß „die Ermittlung und Feststellung von Qualitätsmängeln nach Verlauf längerer Zeit kaum ausführbar und für den Verkehr die Zulassung des Zurückgreifens auf solche Mängel nach längerer Zeit im höchsten Grade hemmend und lästig ist"[48]. Beweisschwierigkeiten sollen also umgangen und der Verkäufer bzw. Werkunternehmer im Interesse einer schnellen Abwicklung vor Ansprüchen des Käufers bzw. des Bestellers wegen Qualitätsmängeln in relativ kurzer Zeit geschützt werden.

Beide Gesichtspunkte gelten im Prinzip auch für Ansprüche aus positiver Vertragsverletzung. Für die Frage des Vorhandenseins des Mangels bei Gefahrübergang und damit zusammenhängende Beweisfragen spielt es keine Rolle, ob der Käufer oder Besteller einen Gewährleistungsanspruch oder einen Anspruch aus positiver Vertragsverletzung geltend macht[49]. Was den zweiten Punkt anbelangt, so erscheinen Verkäufer und Unternehmer sogar schutzwürdiger als bei den Gewährleistungsansprüchen. Ansprüche aus positiver Vertragsverletzung auf Ersatz des Integritätsinteresses lassen sich erheblich schlechter abschätzen und durch entsprechende Rückstellungen absichern. Das Interesse an einer zeitlichen Begrenzung der Haftung ist betriebswirtschaftlich besonders groß[50].

---

[45] SchR II, § 53 II b (S. 230 f.); ähnlich *Jakobs* 1975, 76 (81); *Medicus*, BürgR § 15 VII 2 d.
[46] Vgl. die in Fn. 44 Genannten; ferner *Medicus*, Festschrift für Kern, S. 313 (326).
[47] Mot. II, S. 238.
[48] Die Ausführungen betreffen den Kauf. Für den Werkvertrag fehlt eine eigene Begründung. Die Motive (Mot. II, S. 486) verweisen nur darauf, daß für die Regelung des § 638 dieselben Gründe praktischer Zweckmäßigkeit sprechen wie bei der Verjährungsregelung beim Kauf.
[49] Vgl. *Medicus*, Festschrift für Kern, S. 313 (326); *Schmitz*, NJW 1973, 2081 (2083).
[50] *Medicus*, a.a.O.; ebenso *Laufs / Schwenger*, NJW 1970, 1817 (1818); *Finger*, DB 1972, 1211 (1218); *Schmitz*, NJW 1973, 2081 (2083).

7 Rengier

3. Interessenlage

Gleichwohl erscheint eine entsprechende Anwendung der §§ 477, 638 auf Ansprüche aus positiver Vertragsverletzung wenig sachgerecht. Diese Bestimmungen berücksichtigen einseitig die Interessen des Verkäufers bzw. Werkunternehmers. Den Interessen des Käufers und Bestellers werden sie in keiner Weise gerecht[51]. Dies gilt insbesondere für Schäden, wie sie aus positiver Vertragsverletzung zu ersetzen sind. Die Verletzung von Körper, Gesundheit und Eigentum tritt häufig erst ein, wenn die Verjährungsfrist der §§ 477, 638 bereits verstrichen ist. Eine Anwendung dieser Vorschriften auf Ansprüche aus positiver Vertragsverletzung würde zu dem seltsamen Ergebnis führen, daß ein Anspruch schon verjährt ist, bevor er überhaupt entstanden ist[52].

Es zeigt sich hier, daß die Verjährungsvorschriften der §§ 477, 638 auf Ansprüche aus positiver Vertragsverletzung schon vom Ansatz her nicht passen. Sie sind auf Ansprüche zugeschnitten, die ausschließlich auf der Mangelhaftigkeit der Sache beruhen und nicht wie die Ansprüche aus positiver Vertragsverletzung voraussetzen, daß sich der Mangel negativ auf die Rechtsgüter des Käufers bzw. Bestellers auswirkt. Beim Werkvertrag hat dies die Rechtsprechung schon früh erkannt[53]. Auch beim Kauf beginnt sich nunmehr die Erkenntnis durchzusetzen, daß die Verjährungsregelung des § 477 jedenfalls nicht uneingeschränkt auf Ansprüche aus positiver Vertragsverletzung übertragen werden kann[54].

4. Lösung

Damit eröffnen sich verschiedene Möglichkeiten zur Lösung der Verjährungsproblematik. Sicher dürfte sein, daß die Anwendung der Dreißigjahresfrist des § 195, von der die Rechtsprechung beim Werkvertrag ausgeht[55], eine Notlösung ist. Diese Frist erscheint viel zu lang[56]. Der Lösungsvorschlag von *Larenz*[57], die Verjährungsfrist der §§ 477, 638 mit der Erkennbarkeit des Schadens beginnen zu lassen, ist in sich widersprüchlich, weil er in die §§ 477, 638 ein Element einfügt, das der Zielsetzung dieser Vorschriften fremd ist[58].

---

[51] Vgl. *Jakobs*, JuS 1975, 76 (79) für § 638; *Schmitz*, NJW 1973, 2081 (2084 Fn. 42). Wohl aus dem gleichen Grunde sieht das neue „Einheitliche Gesetz über den Abschluß von internationalen Kaufverträgen über bewegliche Sachen" vom 25. 7. 1973 eine Frist von zwei Jahren vor, innerhalb deren der Käufer einen Mangel längstens geltend machen kann.
[52] Vgl. BGH NJW 1973, 843 (845).
[53] Vgl. RGZ 62, 119 (122); JW 1911, 444 (Klavierstuhlfall).
[54] Vgl. BGH NJW 1973, 276 (277); 843 (845).
[55] Vgl. Fn. 42.
[56] Ebenso *Medicus*, Festschrift für Kern, S. 313 (327).
[57] SchR II, § 41 II e (S. 60 Fn. 2); § 50 II b (S. 230 f.).
[58] Vgl. *Schmitz*, NJW 1973, 2081 (2084).

III. Verjährung

Gleichwohl enthält die Auffassung von *Larenz* einen richtigen Ansatzpunkt. Auch die deliktischen Schadensersatzansprüche wegen Verletzung eines Rechtsguts verjähren nach § 852 erst, wenn der Verletzte von dem Schaden und der Person des Ersatzpflichtigen Kenntnis erlangt hat. Ähnliche Ansprüche machen Käufer und Besteller aus positiver Vertragsverletzung geltend. Sie sind wie die deliktischen Ansprüche nach § 823 Abs. 1 auf den Ersatz des Integritätsinteresses gerichtet. Dies legt es nahe, beide Ansprüche auch verjährungsmäßig gleich zu behandeln. Dabei sollte man noch einen Schritt weiter gehen als *Larenz* und die Verjährungsregelung des § 852 nicht nur hinsichtlich der Frage des Verjährungsbeginns entsprechend anwenden, sondern auch hinsichtlich der Dauer der Verjährungsfrist[59]. Die Ansprüche aus positiver Vertragsverletzung dienen in dem hier interessierenden Bereich der Verbesserung des deliktischen Rechtsschutzes im vertraglichen Bereich[60]. Dieser Tendenz liefe es zuwider, den vertraglichen Rechtsgüterschutz einer ungünstigeren Verjährungsregelung zu unterwerfen als den deliktischen[61].

5. Verjährung konkurrierender Deliktsansprüche

Folgt man der hier vertretenen Auffassung und dehnt den Anwendungsbereich des § 852 auch auf Ansprüche aus positiver Vertragsverletzung auf Ersatz des Integritätsinteresses aus, so taucht die Frage, inwieweit die Verjährungsregelung der §§ 477, 638 auf konkurrierende Deliktsansprüche auszudehnen ist, gar nicht erst auf. Diese Frage stellt sich überhaupt nur, wenn man die Anwendbarkeit der §§ 477, 638 auf Ansprüche aus positiver Vertragsverletzung bejaht hat und vor dem Problem steht, daß die beabsichtigte schnelle Abwicklung durch konkurrierende Deliktsansprüche unterlaufen werden könnte. Die Frage könnte daher hier auf sich beruhen. Gleichwohl ist sie auch für die hier vertretene Auffassung von Interesse. Befürwortet man die Anwendbarkeit des § 852 auf Ansprüche aus positiver Vertragsverletzung und Delikt, so führt dies dazu, daß sich letztlich die längere deliktische Verjährungsnorm gegenüber der kürzeren vertraglichen durchsetzt. Gerade umgekehrt entscheiden Rechtsprechung und Lehre[62] bei der Miete. Dort ist gänzlich unumstritten, daß die Verjährungsregelung des § 558 auch konkurrierende Deliktsansprüche erfaßt. Daraus leiten einige Autoren[63] den Schluß ab, für das Verhältnis der §§ 477, 638 zu § 852 könne nichts

---

[59] Dafür *Eike Schmidt*, Nachwort, S. 162; *Schlechtriem*, Vertragsordnung, S. 313, 322; ders., VersR 1973, 581 (587); vgl. auch *Medicus*, Festschrift für Kern, S. 313 (327).
[60] Vgl. Kap. F I.
[61] Vgl. *Schlechtriem*, VersR 1973, 581 (589, 592).
[62] Vgl. BGHZ 47, 53; *Larenz*, SchR II § 48 VII b Fn. 4.
[63] *Finger*, DB 1972, 1211 (1219); *Ganten*, NJW 1971, 1804; *Brox / Elsing*, JuS 1976, 1 (8).

anderes gelten[64]. Damit würde auch hier die vertretene Auffassung in sich zusammenfallen.

Diese Meinung vermag indessen nicht zu überzeugen. Das Konkurrenzproblem taucht bei § 558 bei Ersatzansprüchen des Vermieters auf, die diesem wegen Veränderung oder Verschlechterung der Mietsache zustehen. Es geht mithin um Ansprüche des Vermieters wegen Beeinträchtigung seines Interesses an der *Integrität* des Mietobjekts. Vertraglicher und deliktischer Anspruch decken sich hier. Dies rechtfertigt es, auf beide Ansprüche die gleiche Verjährungsnorm anzuwenden, wobei die speziellere des § 558 der allgemeinen Regelung des § 852 vorgeht. Würde man anders entscheiden, liefe die Regelung des § 558 leer[65].

Anders ist die Lage im Verhältnis der nach §§ 477, 638 verjährenden Gewährleistungsansprüche zu den Ansprüchen aus Delikt. Die Gewährleistungsansprüche dienen der Verwirklichung des Vertragsinteresses. Dabei kann das positive Vertragsinteresse auch auf den Schutz vorhandener Rechtsgüter gerichtet sein, muß dies aber nicht. Demgegenüber erfassen die deliktischen Ansprüche das Integritätsinteresse unabhängig vom Umfang möglicher vertraglicher Ansprüche. Beide Ansprüche decken sich also nicht[66]. Anhaltspunkte dafür, daß der deliktische Rechtsgüterschutz verkürzt werden sollte, weil die Gefahr von einer mangelhaften Sache ausgeht, sind nicht ersichtlich[67]. Ein Dritter, der durch die mangelhafte Sache zu Schaden kommt, kann gegen den Hersteller Schadensersatzansprüche nach § 823 Abs. 1 innerhalb der Dreijahresfrist des § 852 Abs. 1 geltend machen. Es besteht dann kein Grund, den Käufer oder Besteller anders zu behandeln, nur weil er auch noch in Vertragsbeziehungen zum Schädiger steht[68].

Zusammenfassung

Ansprüche aus positiver Vertragsverletzung werden durch die Sachmängelansprüche insoweit nicht ausgeschlossen, als es um die Verletzung der Rechtsgüter des Käufers, Mieters oder Bestellers durch die Erbringung einer gefährlichen Leistung geht. Derartige Ansprüche können unabhängig von den gesetzlichen Gewährleistungsansprüchen geltend gemacht werden. Sie setzen lediglich voraus, daß den Käufer, Vermieter oder Unternehmer hinsichtlich der Gefährdung der Rechtsgüter ein Verschulden trifft. Sie verjähren wie deliktische Ansprüche in der Dreijahresfrist des § 852.

---

[64] Ebenso OLG Düsseldorf NJW 1975, 453.
[65] Vgl. bereits Prot. II S. 194.
[66] Darauf weist zutreffend auch der BGH hin, vgl. BGH NJW 1971, 1131 (Achsaggregat) u. BGH NJW 1976, 1505 (1506).
[67] Vgl. *Schlechtriem*, VersR 1973, 581 (592); *Schmitz*, NJW 1973, 2081 (2084 f.).
[68] Zutreffend BGH NJW 1976, 1505 (1506).

G. Das Verhältnis der Sachmängelvorschriften zu Ansprüchen aus culpa in contrahendo

1. Meinungsstand

Zum Schluß soll noch kurz auf ein Problem eingegangen werden, das mit der hier erörterten Problematik eng zusammenhängt und bei den Ausführungen zum Ersatz von nutzlosen Aufwendungen bereits berührt wurde[1]. Es geht um die Frage, inwieweit Verkäufer und Unternehmer für schuldhaft falsche oder unvollständige Angaben über Eigenschaften und Fehler der verkauften oder hergestellten Sache neben den §§ 459 ff., 633 ff. auch aus culpa in contrahendo haften.

Diese Problematik wird vor allem im Kaufrecht diskutiert. Rechtsprechung[2] und h. L.[3] stehen hier auf dem Standpunkt, daß die Sachmängelvorschriften Ansprüche aus culpa in contrahendo als leges speciales verdrängen. Eine nicht unerhebliche Mindermeinung[4] will dagegen derartige Ansprüche auch neben den §§ 459 ff. zulassen.

2. Das Verhältnis zu § 463 S. 2

Die Konkurrenzfrage wird meist unter dem Blickwinkel der Schadensersatzhaftung nach § 463 S. 2 gesehen[5]. Danach haftet der Verkäufer auf das positive Interesse, wenn er einen Mangel arglistig verschweigt oder eine nicht vorhandene Eigenschaft arglistig vorspiegelt[6]. Diese Regelung wird als Sonderfall der Haftung für Verschulden bei Vertragsschluß angesehen[7] und daraus der Schluß gezogen, das Gesetz enthalte hier die Wertung, daß der Verkäufer für schuldhaft falsche

---

[1] Vgl. Kap. E III 3.

[2] RGZ 135, 339 (346); 148, 286 (296); 161, 330 (337); JW 1934, 2906; BGH NJW 1973, 1234 = BGHZ 60, 319; a. A. OLG Hamburg, MDR 1974, 496.

[3] Vgl. *Palandt / Putzo*, Vorb v § 459 Anm. 2 c; *Erman / Battes*, § 276 Rz. 114; *Erman / Weitnauer*, vor § 459 Rz. 25; *Staudinger / Ostler*, vor § 459 Rz. 19; *Soergel / Ballerstedt*, vor § 459 Rz. 32; *RGRK-Kuhn*, § 459 Anm. 19; *Herberger*, S. 136 ff.; *Medicus*, JuS 1965, 209 (216); *Honsell*, JR 1976, 361 (362).

[4] *Enneccerus / Lehmann*, SchR § 112 I 3 (S. 453); *Diederichsen*, BB 1965, 401 ff.; *Schaumburg*, Diss. S. 78 ff.; dies., MDR 1975, 105 ff.

[5] Vgl. etwa *Schaumburg* und *Medicus*, jeweils a.a.O.

[6] § 463 S. 2 gilt in diesem Fall entsprechend; vgl. Kap. B Fn. 11.

[7] Vgl. *Palandt / Heinrichs*, § 276 Anm. 6 c; *Larenz*, SchR II, § 41 II c 2.

oder unvollständige Angaben nur bei Vorsatz, aber nicht bei bloßer Fahrlässigkeit haften solle[8].

Dabei bleibt freilich ungeklärt, wie es sich mit der Einordnung des § 463 S. 2 unter die Haftung aus culpa in contrahendo verträgt, daß der Anspruch auf das positive und nicht, wie üblich, auf das negative Vertragsinteresse geht[9]. Wie *Herberger*[10] jüngst erneut nachgewiesen hat, liegt der Haftungsgrund des § 463 S. 2 nicht in der Verletzung einer vorvertraglichen Aufklärungspflicht, sondern in der Verletzung der Leistungspflicht des Verkäufers durch Erbringung einer mangelhaften Leistung[11]. Die Arglist des Verkäufers rechtfertigt es, daß der Käufer ausnahmsweise sein Erfüllungsinteresse geltend machen kann. Ein Grund für die Privilegierung, die die §§ 459 ff. für den Verkäufer enthalten, ist in diesem Fall nicht ersichtlich[12]. Aus der unterschiedlichen Zielsetzung folgt, daß Ansprüche aus culpa in contrahendo durch § 463 S. 2 nicht verdrängt werden[13].

3. Das Verhältnis zu den Wandelungsvorschriften

Damit ist das Problem aber noch nicht gelöst. Zu klären bleibt noch das Verhältnis der Ansprüche aus culpa in contrahendo zu den Rechten des Käufers (und Bestellers) aus der Wandelung des Vertrages. Diese Ansprüche sind, wie oben[14] dargelegt, auf Herstellung des status quo ohne den Vertragsschluß gerichtet, mithin also auf das negative Vertragsinteresse. Entsprechendes gilt für die Ansprüche aus culpa in contrahendo. Damit erstrebt der Käufer, so gestellt zu werden, wie er stünde, wenn der Verkäufer ihn über die Eigenschaften der Sache richtig aufgeklärt hätte. Da er den Vertrag dann regelmäßig nicht geschlossen hätte, läuft der Anspruch aus culpa in contrahendo wie die Wandelung auf die Rückabwicklung des Vertrages und den Ersatz des *negativen Vertragsinteresses* hinaus[15].

Nun könnte man die Auffassung vertreten, auch die Wandelungsvorschriften könnten Ansprüche aus culpa in contrahendo trotz gleicher

---

[8] Vgl. *Medicus*, JuS 1965, 209 (216).
[9] Vgl. Kap. C II 2.
[10] Rechtsnatur, Aufgabe und Funktion der Sachmängelhaftung nach dem Bürgerlichen Gesetzbuch, 1974, S. 127 f.
[11] Ebenso bereits *Flume*, Eigenschaftsirrtum, S. 54 f.; *RGRK-Kuhn*, § 463 Anm. 1, 11; *Erman / Weitnauer*, § 463 Rz. 13.
[12] *Herberger*, S. 128; ebenso *Schaumburg*, MDR 1975, 105 (110).
[13] Zutreffend insoweit *Schaumburg*, MDR 1975, 105 (111).
[14] Kap. C II 2 b.
[15] Darauf weist zutreffend der BGH (NJW 1973, 1234) hin. Vgl. weiter *Herberger*, S. 138.

Zielrichtung nicht ausschließen, weil die §§ 459 ff. den vertraglichen Bereich und die Verletzung der Leistungspflicht, die Haftung aus culpa in contrahendo aber den vorvertraglichen Bereich und die Verletzung einer Nebenpflicht betreffen[16]. Eine solche Argumentation verkennt, daß die vorvertragliche Aufklärungspflicht gerade im Hinblick auf solche Umstände besteht, die den Wert und die Verwendbarkeit der Sache zum vorgesehenen Zweck angehen. Für die Beeinträchtigung dieses Interesses enthalten die §§ 459 ff. aber ins einzelne gehende Regelungen. Diese würden ausgehöhlt, wenn man Ansprüche aus culpa in contrahendo uneingeschränkt neben den Sachmängelvorschriften zuließe. Nach §§ 459, 462 haftet der Verkäufer für die Minderwertigkeit, mangelnde Tauglichkeit und das Fehlen zugesicherter Eigenschaften auch ohne Verschulden. Auf der anderen Seite ist die Haftung ausgeschlossen, wenn der Käufer den Mangel bei Abschluß des Vertrages kannte, oder — soweit der Verkäufer nicht arglistig gehandelt oder die Abwesenheit des Fehlers zugesichert hat — infolge grober Fahrlässigkeit nicht kannte. Das Gesetz stellt hier deutlich auf das Verhalten der Vertragsparteien bei Vertragsschluß ab und trifft eine Risikoverteilung, die durch die allgemeine Haftung aus culpa in contrahendo nicht umgangen werden darf[17].

Für die Haftung aus culpa in contrahendo ist neben den §§ 459 ff. allenfalls insoweit Raum, als es um den Ersatz von Schäden geht, die von den Wandelungsvorschriften nicht erfaßt werden, wie dies bei den nutzlos werdenden Aufwendungen der Fall ist[18]. Diese Lücke läßt sich aber sach- und systemgerechter durch eine Analogie zu § 467 S. 2 (§§ 122, 179 Abs. 2, 307, 309) schließen[19].

Entsprechendes wie beim Kauf gilt beim Werkvertrag. Auch hier sind aus den genannten Erwägungen Ansprüche aus culpa in contrahendo auf Ersatz des *negativen Vertragsinteresses* neben den §§ 633 ff. ausgeschlossen[20].

4. Ersatz des Integritätsinteresses

Unberührt bleiben dagegen Ansprüche aus culpa in contrahendo auf Ersatz des *Integritätsinteresses*, weil der Verkäufer bzw. Unternehmer den Vertragspartner über gefahrbringende Eigenschaften der Sache

---

[16] Vgl. *Diederichsen*, BB 1965, 401 ff.; ferner OLG Hamburg, MDR 1973, 496.
[17] Vgl. BGH NJW 1973, 1234 f.
[18] Vgl. dazu Kap. E III.
[19] Vgl. Kap. E III 3.
[20] *Palandt / Thomas*, Vorb 4 d vor § 633; *Graf von Westphalen*, BB 1975, 1316; a. A. OLG Karlsruhe, BB 1975, 1316; *Soergel / Ballerstedt*, § 633 Rz. 12; *Staudinger / Riedel*, § 633 Rz. 8.

nicht hinreichend aufgeklärt hat[21]. Insoweit gilt nichts anderes als für das Verhältnis der Gewährleistungsansprüche zu Ansprüchen aus positiver Vertragsverletzung[22]. Die Haftung aus culpa in contrahendo ergänzt hier den deliktischen Rechtsgüterschutz im vorvertraglichen Bereich. Mit Aufnahme des geschäftlichen Kontakts entsteht ein Schutzpflichtverhältnis, das den Schuldner verpflichtet, die Rechtsgüter des Gläubigers vor Schäden zu bewahren[23]. Dieses Schutzpflichtverhältnis setzt sich bis zur Durchführung des Vertrages fort. Es besteht unabhängig neben dem Leistungsverhältnis und wird von dessen Schicksal nicht berührt[24].

Zusammenfassung

Ansprüche aus culpa in contrahendo sind durch die Sachmängelvorschriften ausgeschlossen, soweit sie auf das negative Vertragsinteresse gerichtet sind und auf der Verletzung einer vorvertraglichen Aufklärungspflicht über Fehler und Eigenschaften der Sache beruhen. Nicht tangiert werden Ansprüche aus culpa in contrahendo auf Ersatz des Integritätsinteresses, weil der Verkäufer oder Unternehmer den Vertragspartner nicht über die Gefährlichkeit der Sache aufgeklärt hat.

---

[21] Vgl. *Larenz*, SchR II § 41 II e; *RGRK-Kuhn*, § 459 Anm. 39; *Herberger*, S. 140; a. A. auch insoweit *Medicus*, JuS 1965, 209 (217); Festschrift für Kern, S. 313 (318 f.); *Honsell*, JR 76, 361.
[22] Vgl. dazu Kap. F II.
[23] Vgl. *Canaris*, JZ 1965, 475 ff.; *Thiele*, JZ 1967, 649 ff.
[24] Wegen weiterer Einzelheiten vgl. *Canaris* und *Thiele*, jeweils a.a.O.

H. Ergebnis der Untersuchung

1. Bei der Erbringung einer mangelhaften Sach- oder Werkleistung sind drei Interessen zu unterscheiden, die verletzt sein können, das positive und das negative Vertragsinteresse sowie das Integritätsinteresse. Dabei ist unter dem positiven Vertragsinteresse das Interesse an der Erfüllung des Vertrages zu verstehen, unter dem negativen Vertragsinteresse das Interesse am Ausbleiben von Vermögensnachteilen durch den Abschluß des Vertrages, unter dem Integritätsinteresse das Interesse am Schutz der vorhandenen Rechtsgüter vor Eingriffen von außen.

2. Die Schadensersatzansprüche wegen Nichterfüllung nach §§ 463, 480 Abs. 2, 538, 635 sind auf den Ersatz des positiven Vertragsinteresses gerichtet. Ihr Umfang läßt sich nicht einheitlich bestimmen, sondern hängt vom Inhalt der jeweiligen Leistungspflicht und dem daran anknüpfenden Interesse an der Erfüllung des Vertrages und der Einhaltung gegebener Zusicherungen ab. Dabei ist von einer funktionalen Betrachtungsweise auszugehen. Das Erfüllungsinteresse wird bestimmt von dem Zweck, den der Gläubiger mit dem Abschluß des Vertrages verfolgt und der bei Vertragsschluß zugrunde gelegt wurde. Der Schadensersatzanspruch wegen Nichterfüllung stellt einen Ausgleich dafür dar, daß die Vertragserwartungen des Gläubigers infolge der Mangelhaftigkeit der Leistung nicht erfüllt werden und er den Leistungsgegenstand nicht in der vorgesehenen Weise nutzen kann. Das Erfüllungsinteresse kann sich je nach der Art des Vertrages und dem Inhalt der gegebenen Zusicherungen auch auf den Schutz der vorhandenen Rechtsgüter beziehen. In einem solchen Fall umfaßt der Schadensersatzanspruch wegen Nichterfüllung auch den Ersatz sog. Mangelfolgeschäden.

3. Mit der Wandelung des Vertrages kann der Käufer oder Besteller sein negatives Vertragsinteresse verfolgen und Ersatz der Aufwendungen verlangen, die er in Erwartung der versprochenen Gegenleistung gemacht hat. Das BGB verwirklicht dieses Prinzip jedoch nur lückenhaft und gewährt Ersatz nur für bestimmte Arten von Aufwendungen. Die gesetzliche Regelung bedarf insoweit einer Ergänzung. § 467 S. 2 ist erweiternd dahingehend auszulegen, daß außer den ausdrücklich genannten Vertragskosten auch sonstige unnütze Aufwendungen, die durch den Vertragsschluß veranlaßt sind, zu ersetzen sind. Die Haftung

ist analog §§ 122, 179 Abs. 2, 307, 309 auf den Betrag des positiven Interesses beschränkt.

Die Zielrichtung der Ansprüche auf Ersatz des negativen Vertragsinteresses ist umgekehrt wie bei den Schadensersatzansprüchen wegen Nichterfüllung. Sie sind auf der Herstellung des status quo ohne den Vertragsschluß gerichtet. Beide Ansprüche schließen sich funktionell gegenseitig aus. Der Gläubiger kann daher nicht gleichzeitig Schadensersatz wegen Nichterfüllung und Ersatz seiner unnützen Aufwendungen verlangen, sondern muß sich entscheiden, welches Interesse er geltend machen will. Das BGB trägt dem dadurch Rechnung, daß es einen Schadensersatzanspruch wegen Nichterfüllung nur statt der Wandlung zuläßt.

4. Nicht erfaßt von der Gewährleistungshaftung wird die Beeinträchtigung des Integritätsinteresses durch die Verletzung einer Schutzpflicht. Dafür haftet der Schuldner wie auch sonst aus positiver Vertragsverletzung. Der Anspruch umfaßt Schäden, die auf der Gefährlichkeit des Leistungsobjekts beruhen. Er verjährt wie die gleichgelagerten deliktischen Ansprüche gemäß § 852 erst in drei Jahren, nachdem der Gläubiger von dem Schaden Kenntnis erlangt hat und kann unabhängig von den besonderen Voraussetzungen der Gewährleistungsansprüche geltend gemacht werden.

5. Ansprüche aus culpa in contrahendo auf Ersatz des negativen Vertragsinteresses sind neben den §§ 459 ff., 633 ff. ausgeschlossen, soweit sich die vorvertragliche Pflichtverletzung auf mangelnde Aufklärung oder falsche Angaben über Eigenschaften und Fehler der Sache bezieht. Das BGB trägt diesem Interesse bereits durch das Recht auf Wandelung des Vertrages Rechnung.

Literaturverzeichnis

Athenäum Zivilrecht 1: Grundlagen des Vertrags- und Schuldrechts mit Beiträgen von Volker Emmerich u. a., Frankfurt/M. 1972.

Ballerstedt, Kurt: Zur Auslegung der §§ 635, 638 BGB bei verschiedenen Werkvertragstypen, Festschrift für Karl Larenz, München 1973, S. 717 ff.

Baur, Fritz: Einige Bemerkungen zum Stand des Schadensausgleichsrechts, Festschrift für Ludwig Raiser zum 70. Geburtstag, Tübingen 1974, S. 119 ff.

Beuthien, Volker: Zweckerreichung und Zweckstörung im Schuldverhältnis, Tübingen 1969.

Blomeyer, Arwed: Allgemeines Schuldrecht, 4. Auflage, Berlin und Frankfurt a. M. 1969.

Brox, Hans: Besonderes Schuldrecht, 3. Auflage, München 1974.

Bruschwitz, Johannes: Schadensersatz bei arglistiger Verleitung zum Kauf, Diss. Breslau 1910.

von Caemmerer, Ernst: Das Problem der überholenden Kausalität im Schadensersatzrecht, Karlsruhe 1962 = Gesammelte Schriften Band I, Tübingen 1968, S. 411 ff.

— Das Problem des Kausalzusammenhangs im Privatrecht, Freiburg 1956 = Gesammelte Schriften Band I, S. 395 ff.

— „Mortuus redhibetur" — Bemerkungen zu den Urteilen BGHZ 53, 144 und 57, 137, Festschrift für Karl Larenz, München 1973, S. 621 ff.

— Die Bedeutung des Schutzbereichs einer Rechtsnorm für die Geltendmachung von Schadensersatzansprüchen aus Verkehrsunfällen, DAR 1970, S. 283 ff.

Canaris, Claus Wilhelm: Die Vertrauenshaftung im deutschen Privatrecht, München 1971.

— Ansprüche wegen „positiver Vertragsverletzung" und „Schutzwirkung für Dritte" bei nichtigen Verträgen, JZ 1965, S. 475 ff.

Cantzler, Klaus: Die Vorteilsausgleichung beim Schadensersatzanspruch, AcP 156, S. 29 ff.

Diederichsen, Uwe: „Schadensersatz wegen Nichterfüllung" und Ersatz von Mangelfolgeschäden, AcP 165, S. 150 ff.

— Das Zusammentreffen von Ansprüchen aus Verschulden beim Vertragsschluß und Sachmängelgewährleistung, BB 1965, S. 401 ff.

— Anmerkung zu BAG, Urt. v. 7. 6. 1963 — 1 AZR 276/62 —, AP Nr. 4 zu § 276 (Verschulden bei Vertragsverhandlungen).

Diesselhorst, Malte: Anmerkung zu BGH, Urt. v. 8. 1. 1970 — VII ZR 130/68 —, JZ 1970, S. 418 ff.

Dreher, Eduard: Strafgesetzbuch, 35. neub. Auflage, München 1975.

Eckstein, Ernst: Studien zur Lehre von den unsittlichen Handlungen, Rechtshandlungen und Rechtsgeschäften, insbesondere Verträgen, ArchBürgR 41, S. 178 ff.

Enneccerus / Lehmann: Recht der Schuldverhältnisse, 15. Bearb., Tübingen 1958.

Erman: Handkommentar zum Bürgerlichen Gesetzbuch, Band I, 5. neub. Auflage, Münster/Westf. 1972.
(zitiert: Erman/Bearbeiter).

Esser, Josef: Schuldrecht, Band I, Allgemeiner Teil, 4. neub. Auflage, Karlsruhe 1970.
(zitiert: Esser, SAT).

— Schuldrecht, Band II, Besonderer Teil, 4. überarb. Auflage, Karlsruhe 1971.
(zitiert: Esser, SBT).

Fikentscher, Wolfgang: Schuldrecht, 4. Auflage, Berlin—New York 1973.

Finger, Peter: Die Verjährung der Ersatzansprüche gegen den Werkunternehmer, DB 1972, S. 1211 ff.

— Die Haftung des Werkunternehmers für Mangelfolgeschäden, NJW 1973, S. 81 ff.

Flessner, Axel: Haftung und Gefahrbelastung des getäuschten Käufers, NJW 1972, S. 1177 ff.

Flume, Werner: Eigenschaftsirrtum und Kauf, Münster/Westfalen 1948.

— Allgemeiner Teil des Bürgerlichen Rechts, 2. Band, Das Rechtsgeschäft, 2. überarb. Auflage, Berlin, Heidelberg, New York 1975.

— Die Entreicherungsgefahr und die Gefahrtragung bei Rücktritt und Wandelung, NJW 1970, S. 1161 ff.

Friese, Ulrich: Haftungsbegrenzung für Folgeschäden aus unerlaubter Handlung, insbesondere bei § 823 Abs. 1 BGB, Diss. Erlangen 1968.

Ganten, Hans: Zur Verjährung der Ansprüche des Bestellers aus sog. Mangelfolgeschäden, VersR 1970, S. 1080 ff.

— Anmerkung zu BGH, Urt. v. 4. 3. 1971 — VII ZR 40/70 —, NJW 1971, S. 1804 f.

— Anmerkung zu BGH, Urt. v. 20. 1. 1972 — VII ZR 148/70 —, VersR 1972, S. 540.

Grimm, Dieter: Schadensersatzansprüche aus § 635 BGB und aus positiver Vertragsverletzung, NJW 1968, S. 14 ff.

Hanau, Peter: Die Kausalität der Pflichtwidrigkeit, Göttingen 1971.

Heck, Philipp: Grundriß des Schuldrechts, Tübingen 1929, unveränderter Nachdruck 1958.

Herberger, Klaus: Rechtsnatur, Aufgabe und Funktion der Sachmängelhaftung nach dem Bürgerlichen Gesetzbuch, Schriften zum Bürgerlichen Recht Band 19, Berlin 1974.

Herholz, Felix: Das Schuldverhältnis als konstante Rahmenbeziehung (Ein Rechtsgrund für negative Interessenansprüche trotz Rücktritt und Wandelung), AcP 130, S. 257 ff.

Herr, Robert: Anmerkungen zu BGH, Urt. v. 14. 10. 1971 — VII ZR 313/69 —, NJW 1972, S. 250 f.

Hildebrand, Heinrich: Die Erklärungshaftung, Berlin 1931.

Hoche, Ulrich: Unstimmigkeiten im Verjährungsrecht, Festschrift für Heinrich Lange zum 70. Geburtstag, München 1970, S. 241 ff.

Hoffmann, Hans-Joachim: Anmerkung zu OLG Koblenz, Urt. v. 24. 5. 1966 — 6 U 702/65 —, NJW 1967, S. 50 f.

Honsell, Heinrich: Bereichungsanspruch und Schadensersatz bei arglistiger Täuschung, NJW 1973, S. 350 ff.

Huber, Ulrich: Der Unfall des betrogenen Gebrauchtwagenkäufers, JuS 1972, S. 439 ff.

— Normzwecktheorie und Adäquanztheorie, JZ 1969, S. 677 ff.

— Verschulden, Gefährdung und Adäquanz, Festschrift für Eduard Wahl zum 70. Geburtstag, Heidelberg 1973, S. 301 ff.

Hüffer, Uwe: Zusicherung von Eigenschaften der Kaufsache durch schlüssiges Verhalten und Haftung für Entwicklungsschäden — BGHZ 59, 158, JuS 1973, S. 606 ff.

Jakobs, Horst Heinrich: Unmöglichkeit und Nichterfüllung, Bonn 1969.

— Die Schadensersatzpflicht des Unternehmers wegen mangelhafter Werkleistung in ihrem Verhältnis zu Wandelung und Minderung, JuS 1974, S. 341 ff.

— Die Verjährung des Schadensersatzanspruches wegen mangelhafter Werkleistung, JuS 1975, S. 76 ff.

Jhering, Rudolf von: Culpa in contrahendo oder Schadensersatz bei nichtigen oder nicht zur Perfection gelangten Verträgen, JherJb 4, S. 1 ff.

John, Uwe: Zur Deliktshaftung des arglistig täuschenden Verkäufers, Bemerkungen zu BGHZ 57, 137, MDR 1972, S. 995 ff.

Keuk, Brigitte: Vermögensschaden und Interesse, Bonn 1972.

Köpcke, Günther: Typen der positiven Vertragsverletzung, Stuttgart—Berlin—Köln—Mainz 1965.

Krauße: Ersatz des negativen Schadens bei arglistiger Täuschung, JW 1929, S. 557 ff.

Kühne, G.: Anmerkung zu BGH, Urt. v. 14. 10. 1971 — VII ZR 313/69 —, JR 1972, S. 112 f.

Lange, Hermann: Empfiehlt es sich, die Haftung für schuldhaft verursachte Schäden zu begrenzen? Kann für den Umfang der Schadensersatzpflicht auf die Schwere des Verschuldens und die Tragweite der verletzten Norm abgestellt werden? Gutachten für den 43. Deutschen Juristentag, Tübingen 1960.

Larenz, Karl: Tatzurechnung und Unterbrechung des Kausalzusammenhangs, NJW 1955, S. 1009 ff.

— Präventionsprinzip und Ausgleichsprinzip im Schadensersatzrecht (Zum Urteil des BAG im Metallarbeiterstreik), NJW 1959, S. 865 ff.

— Die Notwendigkeit eines gegliederten Schadensbegriffs, VersR 1963, S. 1 ff.

— Lehrbuch des Schuldrechts, Erster Band, Allgemeiner Teil, 10. neub. Auflage, München 1970.
(zitiert: Larenz, SchR I).

— Lehrbuch des Schuldrechts, Zweiter Band, Besonderer Teil, 10. völlig neub. Auflage, München 1972.
(zitiert: Larenz, SchR II).

Laufs, Adolf / *Schwenger*, Arvid: Der Schadensersatzanspruch des Bestellers beim Werkvertrag: Inhalt, Verjährung, Beweislast, NJW 1970, S. 1817 ff.

Lieb, Manfred: Anmerkung zu BGH, Urt. v. 14. 10. 1971 — VII ZR 313/69 —, JZ 1972, S. 442 ff.

Medicus, Dieter: Vertragliche und deliktische Ersatzansprüche für Schäden aus Sachmängeln, Festschrift für Eduard Kern, Tübingen 1968, S. 313 ff.
— Grenzen der Haftung für culpa in contrahendo, JuS 1965, S. 209 ff.
— Bürgerliches Recht, Eine nach Anspruchsgrundlagen geordnete Darstellung zur Examensvorbereitung, 6. neub. u. erweiterte Auflage, Köln, Berlin, Bonn, München 1973.

Mertens, Hans Joachim: Der Begriff des Vermögensschadens im Bürgerlichen Recht, Stuttgart, Berlin, Köln, Mainz 1967.

Mezger: Anmerkung zu BGH LM Nr. 14 zu § 463 BGB.

Möller, Hans: Summen- und Einzelschaden, Hamburg 1937.

Mommsen, Friedrich: Die Unmöglichkeit der Leistung in ihrem Einfluß auf obligatorische Verhältnisse, Beiträge zum Obligationenrecht I, Braunschweig 1853.
— Zur Lehre vom Interesse, Beiträge zum Obligationenrecht II, Braunschweig 1855.

Mugdan: Die gesamten Materialien zum Bürgerlichen Gesetzbuch, II. Band, Schuldverhältnisse, Berlin 1899.

Neuner, Robert: Interesse und Vermögensschaden, AcP 133, S. 277 ff.

Neuwald, Jost: Der zivilrechtliche Schadensbegriff, Diss. München 1968.

Palandt: Bürgerliches Gesetzbuch, 34. Auflage, München 1975.
(zitiert: Palandt/Bearbeiter).

Pieper, Helmut: Der Anspruch auf Schadensersatz wegen Nichterfüllung, JuS 1962, S. 409 ff., 459 ff.

Pleyer, Klemens: Anmerkung zu BAG, Urt. v. 7. 6. 1963 — 1 AZR 276/62 —, SAE 1964, S. 5 ff.

Rabel, Ernst: Das Recht des Warenkaufs, 1. Band, Berlin und Leipzig 1936.

Reichsgerichtsräte-Kommentar (RGRK): Das Bürgerliche Gesetzbuch mit besonderer Berücksichtigung der Rechtsprechung des Reichsgerichts und des Bundesgerichtshofs, Kommentar, herausgegeben von Reichsgerichtsräten und Bundesrichtern, §§ 1 — 240, 11. Auflage, Berlin 1959, §§ 241 — 258, 12. Auflage, Berlin 1974, §§ 433 — 704, 11. Auflage, Berlin 1959.

Reinecke, Dietrich: Formmangel und Verschulden bei Vertragsschluß, DB 1967, S. 109 ff.

Reinhardt, Gert: Anmerkung zu BGH, Urt. v. 9. 10. 1970 — V ZR 191/67 —, JZ 1971, S. 461 f.

Rietschel: Anmerkung zu BGH LM Nr. 3 zu § 638 BGB.

Roquette, Hermann: Mietrecht, 5. Auflage, Tübingen 1961.

Savigny, Friedrich C.: System des heutigen römischen Rechts, Band III, Berlin 1840.

Schaumburg, Heide: Haftung des Verkäufers für fahrlässige Falschangaben bei Vertragsschluß? — Zum inneren System der §§ 459 ff. BGB, MDR 1975, S. 105 ff.
— Sachmängelgewährleistung und vorvertragliches Verschulden — § 463 BGB und culpa in contrahendo —, Diss. Köln 1974.

Schickedanz, Erich: Schutzzwecklehre und Adäquanztheorie, NJW 1971, S. 916 ff.

Schlechtriem, Peter H.: Vertragsordnung und außervertragliche Haftung, Frankfurt/M. 1972.

Schlechtriem, Peter H.: Gewährleistung und allgemeine Verantwortlichkeit des Werkunternehmers — Besprechung des Urteils des BGH v. 4. 3. 1971 — VII ZR 40/70 —, JZ 1971, S. 449 ff.
— Regreß und Gewährleistung — Zur Entscheidung BGHZ 58, 85 = NJW 1972, 625, NJW 1972, S. 1554 ff.
— Abgrenzungsfragen bei der positiven Vertragsverletzung, VersR 1973, S. 581 ff.

Schmidt, Eike: Nachwort, in: Rudolf v. Jhering, Culpa in contrahendo, Hermann Staub, Die positiven Vertragsverletzungen, Bad Homburg, Berlin, Zürich 1969, S. 131 ff.

Schmidt-Salzer, Joachim: Ansprüche auf Ersatz von Mangelfolgeschäden gemäß § 463 BGB und Betriebshaftpflichtversicherung, BB 1972, S. 18 ff.
— Produkthaftung, Die Haftung der an der Warenherstellung und am Warenvertrieb beteiligten Personen und Unternehmen, Heidelberg 1973.

Schmitz, Günther: Die Verjährung von Mängelfolgeansprüchen im Kauf- und Werkvertragsrecht, NJW 1973, S. 2081 ff.

Schubert, Werner: Der Anwendungsbereich der §§ 635, 638 BGB, JR 1975, S. 179 ff.

Selb, Walter: Schadensbegriff und Regreßmethoden, Heidelberg 1963.

Siber, Heinrich: Schuldrecht, Leipzig 1931.

Soergel / Siebert: Bürgerliches Gesetzbuch, 10. neub. Auflage, Stuttgart, Berlin, Köln, Mainz — Bd. 2, Schuldrecht I, §§ 241 - 610, 1967 — Bd. 3, Schuldrecht II, §§ 611 - 853, 1969.
(zitiert: Soergel/Bearbeiter)

Staub, Hermann: Die positiven Vertragsverletzungen, Berlin 1904.

Staudinger, J. v.: Kommentar zum Bürgerlichen Gesetzbuch mit Einführungsgesetz und Nebengesetzen, §§ 249 - 327, 10./11. Auflage, Berlin 1967, §§ 433 - 610, 11. Auflage, Berlin 1955, §§ 611 - 704, 11. Auflage, Berlin 1958.
(zitiert: Staudinger/Bearbeiter)

Thiele, Wolfgang: Leistungsstörung und Schutzpflichtverletzung — Zur Einordnung der Schutzpflichtverletzungen in das Haftungssystem des Zivilrechts, JZ 1967, S. 649 ff.
— Gedanken zur Vorteilsausgleichung, AcP 167, S. 193 ff.

Todt, Günther: Die Schadensersatzansprüche des Käufers, Mieters und Werkbestellers aus Sachmängeln, Heidelberg 1970.
— Die Schadensersatzansprüche des Käufers, Mieters und Werkbestellers bei Lieferung eines mangelhaften Vertragsobjekts, BB 1971, S. 680 ff.

Traeger, Ludwig: Der Kausalbegriff im Straf- und Zivilrecht, Marburg 1904.

Weimar, Wilhelm: Zum Umfang des Schadensersatzanspruchs wegen Nichterfüllung gemäß § 538 BGB, MDR 1960, S. 655 ff.

Graf von Westphalen, Friedrich: Anmerkung zu BGH, Urt. v. 5. 7. 1972 — VIII ZR 74/71, BB 1972, S. 1070 ff.

Wieling, Hans Josef: Synallagma bei Nichtigkeit und gesetzlichem Rücktritt, JuS 1973, S. 397 ff.

Zeuner, Albrecht: Schadensbegriff und Ersatz von Vermögensschäden, AcP 163, S. 380 ff.
— Gedanken zum Schadensproblem, Gedächtnisschrift für Rolf Dietz, München 1973, S. 99 ff.

Printed by Libri Plureos GmbH
in Hamburg, Germany